Lorenz Claussen

Praktische Anweisung zum Mühlenbau

Worin deutlich und gründlich gelehrt wird, wie Mehl Malz und GrützMühlen, sie mögen nun durch Wind, Wasser oder Pferde in Bewegung gesetzt werden sollen, auf das vortheilhafteste einzurichten sind

Lorenz Claussen

Praktische Anweisung zum Mühlenbau
Worin deutlich und gründlich gelehrt wird, wie Mehl Malz und GrützMühlen, sie mögen nun durch Wind, Wasser oder Pferde in Bewegung gesetzt werden sollen, auf das vortheilhafteste einzurichten sind

ISBN/EAN: 9783743326613

Hergestellt in Europa, USA, Kanada, Australien, Japan

Cover: Foto ©ninafisch / pixelio.de

Manufactured and distributed by brebook publishing software (www.brebook.com)

Lorenz Claussen

Praktische Anweisung zum Mühlenbau

Praktische Anweisung zum Mühlenbau,

worin deutlich und gründlich gelehrt wird, wie Mehl- Malz- und Grütz-Mühlen, sie mögen nun durch Wind, Wasser oder Pferde in Bewegung gesetzt werden sollen, auf das vortheilhafteste einzurichten sind.

Nebst einer Beschreibung
zweyer Maschinen zur Reinigung des Korns,
von
Lorenz Claußen.
Eine belohnte Preisschrift.

Dippelbey bey Sonderburg

Mit X. Kupfertafeln.

Leipzig,
In der Weidmannschen Buchhandlung, 1792.

Vorerinnerung.

Nachstehende Abhandlung über den Mühlenbau wurde von mir auf Veranlassung einer von der Königl. Dänischen Landhaushaltungs-Gesellschaft zu Kopenhagen, im Jahre 1782, aufgegebenen Preisaufgabe verfertigt. Diese Preisaufgabe lautet in der Dänischen Sprache folgendermaßen:

„For den som i en tydelig og grundig underrettende Afhandling diser, „hvorledes Meel- Malt- og Grün Möller, hvadenten de settes i Bevegel- „se af Vandet, Vinden eller Gesté, bör indrettes og bygges, for at gifre „deres störste og fuldkommenste Virkning, udsettes Selskabets förste Guld- „Medaille, eller 100 Rügsdaler ɾc."

„Für denjenigen, welcher in einer deutlich und gründlich unterrichten- „den Abhandlung zeigt, wie Mehl-, Malz- und Grützmühlen, sie mögen „nun durch Wasser, Wind oder Pferde in Bewegung gesetzt werden, ein- „gerichtet und erbauet werden müssen, um die größte und vollkommenste „Wirkung hervorzubringen, — wird der Gesellschaft erste Goldmedaille, „oder 100 Rthlr. ausgesetzt ɾc.

Da aber nach der nähern Bestimmung dieser Preisaufgabe und nach der Absicht der Königl. Landhaushaltungs-Gesellschaft, die verlangte Anweisung nicht blos aus Erfahrung, sondern auch vornehmlich aus theoretisch-mechanischen und mathematischen Gründen hergeleitet und begründet werden mußte; so konnte ich, dem es, in meiner Lage, an gelehrten Kenntnissen in diesen Wissenschaften nothwendig fehlen muß, nicht erwarten, dem Verlangen der preiswürdigen Gesellschaft in dem theoretischen Theil meiner Arbeit völlig Gnüge zu leisten. In bin indessen sehr überzeugt, daß der bloße Theoretiker besonders in diesem Fach, wenn er ohne zu Hülfe genommene Erfahrung und praktische Versuche zur Anwendung seiner Theorie schreiten sollte, manche Schwierigkeit, worauf er nicht gerechnet hatte, manche Unbequemlichkeit finden müßte, welche aber der aufmerksame Erfahrungsmann sogleich zu heben wissen würde. Ueberall muß die Erfahrung der Theorie, so wie diese jener, gefällige Handreichung thun, um irgend eine nützliche Erfindung zu vervollkommen. Da nun demjenigen, welcher vermöge gründlicher Kenntnisse in der Mechanik, Meß- und Naturkunde im Stande seyn möchte, eine Theorie des Mühlenbaues zu schreiben, selten die praktische Erfahrung des aufmerksamen Professionisten zu Statten kommt; so wagte ich meine, durch lange Erfahrung, Versuche und Nachdenken, vom Mühlenwerk und dahin gehörigen Maschinen, gesammleten Kenntnisse aufzusetzen, und sie in dieser Abhandlung der hohen Landhaushaltungs-Gesellschaft vorzulegen. Ich hoffte nämlich, daß sie bey einer etwa einlaufenden blos, oder mehr theoretischen Abhandlung genützt werden könnte, um aus beyden ein vollkommenes Ganze hervorzubringen. So viel mir bekannt ist, ist indessen keine theoretische Abhandlung über diese Materie eingelaufen. Die hohe Landhaushaltungs-Gesellschaft beehrte übrigens meine Abhandlung mit so gnädigem und gütigem Beyfall, daß Sie derselben, obgleich nicht die ausgesetzte erste, doch, die 3te goldene Medaille zuerkannte. Unterm 20sten May 1783 wurde deßfalls in der dänischberlinischen Zeitung folgendes bekannt gemacht, welches in der Uebersetzung lautet:

„Für eine in der deutschen Sprache geschriebene Abhandlung, mit der
„Devise: „Heil dem Vaterlande und dem der es liebt!" kann der Verfaß-
„ser die ausgesetzte Prämie für die beste Einrichtung von Mehl-, Malz- und
„Grützmühlen zwar nicht erhalten, da das Verlangen der Gesellschaft, in
„Rücksicht auf den theoretischen Theil der Aufgabe, nicht erfüllt ist. Da
„aber die Gesellschaft hingegen, was den praktischen Theil der Materie be-
„trift, verschiedene gute Unterweisungen darin gefunden hat, welche von
„der Erfahrung des Verfassers in der Sache zeugen, so wird Lorenz Claußen,
„Müller auf Düppelberg bey Sonderburg, als ein Achtungszeichen von der
„Gesellschaft, die dritte Goldmedaille unter der Bedingung zuerkannt, daß

„er erst seiner Abhandlung die praktischen Zusätze geben wolle, worüber er, „auf Verlangen, nähere Aufklärung erhalten wird."

Diese von mir verlangten Zusätze betrafen überhaupt zehn Punkte, die ich bald darauf zur Zufriedenheit meiner einsichtsvollen Beurtheiler beantwortet und sie jetzt dieser Abhandlung gehörigen Orts einverleibet habe. Die hohe Landhaushaltungs-Gesellschaft geruhte auch, mir die zuerkannte Goldmedaille mit der Inschrift: den sortiente til Aere, zu übersenden.

Durch diese Anzeige hoffe ich meinen Lesern den Gesichtspunkt hinreichend angegeben zu haben, aus welchem ich diese Schrift beurtheilt zu sehen wünsche. Sie enthält die auf eigene aufmerksame Erfahrung, Versuche und Nachdenken gebaute Anweisung zum verbesserten Mühlenbau eines Mannes, der zugleich, durch einige Kenntniß in der Mechanik, Mathematik und Naturkunde, im Stande war, ihre Regeln bey seiner Arbeit mit zu Hülfe zu nehmen. Wer also bey Prüfung oder Benutzung dieser Schrift von dem theoretischen Inhalt derselben nicht zu viel erwartet, hingegen, was den praktischen Mühlenbau betrift, eine Anweisung zu einer bequemen, möglichst dauerhaften, hie und da verbesserten Mühleneinrichtung darin zu finden hoft, den hoffe ich mit meiner Arbeit nicht ganz unbefriedigt gelassen zu haben.

Noch muß ich zweyer Maschinen zur Reinigung des Korns, indem es auf der Tenne gedroschen wird, erwähnen, von denen ich meiner Abhandlung eine Beschreibung als Beylage beygefügt habe.

Ich verfertigte diese Maschine auf Veranlassung der von der Königl. Dän. Landhaushaltungs-Gesellschaft im Jahre 1783 aufgegebnen Preisaufgabe, in deutscher Sprache also lautend:

„Für eine genaue Beschreibung einer bequemen, wirksamen, wenig „kostbaren Maschine, die verschiedenen Kornsorten auf der Tenne, sobald „sie ausgedroschen sind, zu reinigen ꝛc.

Mit dieser Preisaufgabe war es, nach dem fernern Inhalt derselben, darauf angesehen, dem Landmann ein Werkzeug zu verschaffen, wodurch die Reinigung des Korns, mit Ersparung von Zeit und Arbeit, sich möglichst

lichst vollkommen bewirken ließe. Da ich glaube, daß meine hiezu verfertigte Maschinen diese Vortheile gewähren, so habe ich sie bey dieser Gelegenheit bekannt gemacht, und die Beschreibung derselben mit den nöthigen Zeichnungen erläutert; obgleich dieselben von der resp. Landhaushaltungs-Gesellschaft keine besondere Aufmerksamkeit erhielten. Ihre Brauchbarkeit hat sich indessen seit der Zeit durch den Gebrauch so vorzüglich bewährt, daß ein hiesiger Pachter, dessen Roggen so voller Trespe und andrer Unreinigkeit war, daß er auf die gewöhnliche Reinigungsweise gar nicht brauchbar gemacht werden konnte, durch meine Maschine ziemlich reinen Roggen erhielt. Wer Versuche damit anstellen wird, wird hoffentlich von ihrem Nutzen und wesentlichen Vortheilen überzeugt werden; und zu solchem Versuche möchte ich meine Leser, denen an dergleichen Vortheilen als Landleute gewis sehr viel gelegen ist, hiedurch gerne aufgemuntert haben.

In Ansehung des Vortrages hoffe ich, übrigens, als Professionist und Landmann gütige Nachsicht zu verdienen, wenn ich auch meine Gedanken nicht immer aufs richtigste gestellt und häufig wider die Regeln der Sprache und des guten Ausdrucks verstoßen haben sollte. Mein Hauptbestreben mußte sich in diesem Stücke darauf einschränken, mich nach Vermögen verständlich zu machen; und wenn mir dies einigermaßen geglückt ist, so dürfte selbst das Publikum, für welches ich zunächst schrieb, die sonst so gefällige Eigenschaft eines fehlerfreyen Ausdrucks nicht eben sehr schmerzlich vermissen.

Ich schließe mit dem Wunsche, daß diese Schrift von denen, welche Mühlen bauen wollen, dazu genutzt werden möchte, darnach eine vortheilhafte Einrichtung zu treffen, wobey sowohl überflüßige Kosten vermieden, als auch die möglichst vollkommenen Wirkungen hervorgebracht werden.

Düppelberg bey Sonderburg,
den 1sten März 1792.

Lorenz Claußen.

Inhalt.

Inhalt.

	Seite
Einleitung.	2
Vom Windmühlenbau überhaupt.	7
Von Mühlenoxt oder Walze.	8
Von Mühlenruthen.	9
Von den Ruthenbrettern.	13
Von den Windbrettern.	13
Die Frictioneiner Walze zu berechnen.	14
Vom Räderwerk.	16
Von Getreibe.	17
Vom Bunkel.	17
Von Sternrädern.	18
Von Friction der Räder.	18
Von den eisernen Zapfen, wie sie gemacht und in die Walzen gesetzt werden sollen.	21
Von Mühlensteinen.	22
Von Pellsteinen.	22
Von Mehlsteinen.	25
Von Brechsteinen.	28
Von der besten Methode, einen Mühlenstein in eine Bockmühle aufzunehmen.	28
Von Aufnehmung der Mühlensteine in eine achteckigte Graupenmühle.	29
Vom Rang.	30
Von Wind-Graupenmühlen.	30
Von der innern Einrichtung einer Mühle.	32
Von Mehlsteinen.	35
Von Brechsteinen.	36
Von Grützsteinen.	36
Von Wind-Mehlmühlen.	41
Satz, wornach der Lauf eines guten Mehlsteins gegen die Länge der Mühlenruthen zu bestimmen.	41
Wie stark der Wind seyn muß, um mahlen zu können.	43
Vom Wassermühlenbau.	44
Wie ein Damm vor dem Strom gemacht werden soll.	45
Wie ein Damm vor dem Wasser zu machen.	45
Wie in den Damm eine Schleuße zu setzen.	46
Wie eine Schleuße zu machen.	46
Von oberschlächtigen Wasserrädern.	49

	Seite
Von Waſſer-Graupenmühlen.	50
Von der innern Einrichtung einer Waſſer-Graupenmühle.	50
Vom Pellſtein.	50
Vom Mehlſtein.	52
Vom Brechſtein.	53
Von Waſſer-Mehlmühlen.	55
Von den Roßmühlen.	58
Von Graupen-Roßmühlen.	59
Vom Pellſtein.	60
Vom Mehlſtein.	61
Von dem Brechſtein.	61
Von Roß-Mehlmühlen.	63
Vom Handmühlenbau.	66
Von dem Kornreinigen.	67
Von Mehlſichten.	70
Von den beſten Weitzen-Mehlſichten.	70
Von Gerſtenmehl-Sichten.	72
Beſchreibung über die der Madame Wißke zugehörige Wind-Graupenmühle von Sonderburg.	75
Vom Pellſtein.	76
Vom Mehlſtein.	76
Vom Brechſtein.	77
Beſchreibung der dem Müller Nikolaus Adolph zu Düns auf Sundewitt zugehörigen Windmehlmühle.	78
Beſchreibung der Waſſer-Graupenmühle zu St. Jürgen bey Flensburg.	78
Beſchreibung der Waſſer-Mehlmühle zu Sandberg.	80
Beſchreibung der, dem Müller Jep Kaufmann vor Sonderburg zuſtändigen Roßmehlmühle.	81
Beſchreibung zweyer Maſchinen zur Reinigung des Korns.	85
Von der Kornreinigung, nachdem es ausgedroſchen iſt.	87
Beſchreibung einer vortheilhaften Kornharfe, worauf das Korn von der Unreinigkeit, welche größer und kleiner iſt, als das Korn, gereinigt werden kann.	90
Erklärung der ſämmtlichen Kupfertafeln.	92

Einleitung.

In welchem Abstande muß ein großer Körper, oder ein Gebäude von einer Windmühle stehen, wenn die Wirkung des Windes auf dieselbe nicht geschwächt, und uneben gemachet werden soll?

Eine, bey Gelegenheit einer neu zu erbauenden Windmühle, hieselbst vor wenigen Jahren vorgefallene Streitigkeit, bey welcher alles auf diese Frage ankam, veranloßte mich, darüber weiter nachzudenken, und meine Gedanken als einen Versuch zur Beantwortung derselben niederzuschreiben. Ich fand bald, daß auf folgende Stücke Rücksicht genommen werden müßte, nemlich a) auf die Quadratfläche der größesten Durchschnitts des einer Windmühle gegenüberstehenden Körpers, b) auf die Entfernung desselben von der Mühle, c) auf dessen Höhe über oder unter der Horizontallinie der Mühle, d) auf den Grad der Stärke des Windes, und e) auf die Figur eines Körpers.

Die Luft, welche in Bewegung gesetzt, Wind heißt, ist eine flüßige Materie wie das Wasser; nur ist jene in Ansehung der besondern Schwere 800mal leichter als dieses. Die Bewegung von beyden geschieht übrigens nach einerley Gesetzen der Schwere.

Das Wasser, als ein sichtbares Fluidum, läßt sich in seiner Bewegung leichter und genauer beobachten, als die Luft. Wenn in einem fließenden Strome ein Körper fest gestellt wird, so daß das Wasser sich an beyden Seiten vorbey drängen muß, so vereiniget sich dasselbe hinter ihm in einer Distanz, die kürzer oder länger von dem im Wege stehenden Körper entfernt ist, nachdem der Strom langsamer oder geschwinder fließt. Nach dieser Vereinigung des Wassers ereignet sich noch eine wirbelnde Bewegung des Stromes, auf eine Länge, welche ohngefähr fünfmal größer ist, als die Distanz vom feststehenden Körper bis zum Vereinigungspuncte. Die wellenförmige Bewegung des Wassers zur Seite wollen wir dabey außer Acht lassen.

Alle flüßige Materien bewegen sich so lange, bis der Druck ihrer Theile unter sich auf allen Seiten gleich geworden ist, so wie diese Bewegung selbst sich nach dem Verhältniß ihrer besondern Schwere und Elasticität richten muß. Wenn also das Wasser auf eine fünfmal längere Distanz als der Abstand vom stillstehenden Körper bis zum Sammlungspunct ist, eine wirbelnde Bewegung äußert, so wird auch der Luftstrom sehr wahrscheinlich auf eine fünfmal längere Strecke, als zwischen dem ihn zertheilenden Körper und seinem Vereinigungspuncte sich befindet, eine wirbelnde Bewegung machen. Der Zusammenfließungspunct des Windes muß gleichfalls näher oder entfernter hinter dem entgegenstehenden Körper angetroffen werden, je nachdem derselbe schwach oder stark ist. Denn wenn der Wind stark wehet, daß er auf die Fläche eines Quadratfußes mit der Kraft von $\frac{1}{4}$ Pf. wirket, so ist der Vereinigungspunct von dem im Winde stehenden Körper nur halb so weit entfernt, als wenn der Wind so stark ist, daß er auf gedachte Fläche mit der Kraft von $\frac{1}{8}$ Pf. wirken würde.

Auch mit dem Winde lassen sich hierüber Beobachtungen anstellen; da aber die Bewegung der Luft an sich nicht sichtbar ist, so muß man, um sie zu observiren, eine leichte und sichtbare Materie zu Hülfe nehmen, welche der Bewegung der Luft folgt. Hiezu läßt sich wohl keine bequemere Materie finden als Rauch, welcher einigermaßen, wie eine trübe Materie im Wasser, sich in der Luft verbreitet, und ihre kleinsten Bewegungen mitmacht. Ich habe auf nachfolgende Weise darüber eine Beobachtung angestellet.

Ich machte mir von durchlöchertem Blech einen Kasten, etwa $2\frac{1}{2}$ Fuß lang und 1 Fuß hoch und breit; das eine Ende ließ ich offen, das andere war wie die 4 Seiten von durchlöchertem Blech. Diesen Kasten füllte ich mit Hobelspänen, setzte ihn mit dem offenen Ende gegen den Wind, machte Feuer in die Späne, legte halb trocknes Gras darauf und bewirkte dadurch einen starken Rauch, welchen der Wind durch das löcherige Blech stark heraus trieb. Alsdann nahm ich ein Brett von 1 Fuß Breite und stellte solches ab und zu, mit der Fläche gegen den Wind, in den stärksten Rauch, um meine Beobachtung darüber vorzunehmen.

Wirklich war ich auch nun im Stande, im ersten Augenblicke, wenn das Brett hingestellt wurde, und der Wind sich also vorbeydrängen mußte, vermittelst des Rauchs den Zusammenfluß des Windes zu bemerken. Ich wiederhohlte also den Versuch einige Male, bemerkte jedesmal den Punct des Zusammentreffens, und fand, daß diese Zusammentreffung in einer Entfernung von dem 1 Fuß breiten Brette auf 6 Fuß geschahe. Der Wind war damals nicht stärker, als daß er mit einer Quadratfuß

3

fuß-Fläche über eine Rolle eben ⅛ Pf. heben konnte. Nach obigem Schluß vom Waſſer auf die Luft, muß der Wind, wenn demſelben ein ☐ Fuß-Fläche in den Weg geſtellt iſt, und derſelbe auf einer Diſtanz von 6 Fuß wieder zuſammen trift — noch auf einen fünfmal längern Abſtand, nämlich 30 Fuß, eine wirbelnde und unebene Bewegung machen. Da aber ein mittelmäßig ſtarker Wind, wenn der Graupenmüller vor halbes Segel peilt, (abſchält) mit obiger Fläche von 1 ☐ Fuß über eine Rolle ein Gewicht von 1⅛ Pf. heben kann, ſo trift der Wind erſt auf 30 Fuß hinter dem gegebenen Körper von 1 ☐ Fuß Fläche wieder zuſammen, und folglich muß ſich die wirbelnde Bewegung noch überdies auf 150 Fuß weiter erſtrecken. Hier zu Lande wehet der Wind oft ganze Tage noch weit ſtärker, ſo daß die Müller vor bloßen Heken (bloßen Latten) mahlen können, und alſo dürfte das Zuſammentreffen deſſelben hinter dem entgegenſtehenden Körper, oft in einer weit weit größern Entfernung geſchehen.

Geſetzt nun, es ſollte eine Windmühle gebauet werden, und man wollte dieſelbe von einem Gebäude, das im Durchſchnitt eine ☐ Fläche von 200 Fuß gegen ſie ausmachte, ſo weit entfernt bauen, daß man daher keinen geſchwächten oder unebenen Wind zu befürchten haben dürfte, und es ſollte bey dieſer Beſtimmung blos auf mittelmäßigen Wind geſehen werden, ſo würde eine Entfernung von 1200 Fuß erforderlich ſeyn. Wäre ein ſolcher gegenüberſtehender Körper, nach waſſergleicher Linie, höher oder niedriger gelegen, als der Ort, wo die Mühle ſtehen ſollte, ſo müßte die Quadratfläche des Unterſchiedes (eben ſo breit, als das Haus iſt, gerechnet) im erſten Fall zu dem Einhalt der Quadratfläche des Körpers addirt, — im letztern Fall aber davon ſubtrahirt werden. Auch muß hier allerdings die Geſtalt oder der Cubicinhalt eines ſolchen Körpers in Betrachtung kommen. Denn wenn ein langes Haus nur mit dem Ende gegen eine Mühle ſtehet, ſo trift der Wind nicht ſo bald zuſammen, als wenn bey übrigens gleichen Umſtänden, das Haus kurz wäre. Dieſes iſt ſehr begreiflich: denn wenn das Haus lang iſt, ſo wird auch die Quantität der Luft, welche mit dem Gebäude an den Seiten deſſelben hinfähret, weit größer, und alſo auch fähiger auf eine längere Diſtanz, hinter dem Körper der eindringenden Seitenluft Widerſtand zu thun. Die Zuſammenſtrömung erfolgt alſo ſpäter.

Mittelmäßige Graupenmühlen enthalten im Durchſchnitt ohngefähr 1500 ☐ Fuß Fläche — die Ruthen davon und die dazu gehörigen Gebäude ungerechnet. Fragt man nun, wie weit ſolche Mühlen von einander entfernt ſeyn müſſen, und man wollte hier wie billig auf mittelmäßig ſtarken Wind Rückſicht nehmen, welcher nemlich mit 1 ☐ Fuß Fläche ein Gewicht von 1⅛ Pf. heben kann, und welcher, wie oben bemerkt, hinter einer □ Fuß Fläche auf eine Distanz von 150 Fuß, eine unebene und wirbelnde Bewegung mach:: so müßten sie, um einander nicht zu schaden, in gerader Linie wenigstens auf 3000 Fuß von einander abstehen. Außer gedachter Fläche einer Mühle, kommt auch (wenn sie gehet) die cirkelförmige Bewegung der Mühlenruthen in Betrachtung, als wodurch der Wind auf eine noch größere Distanz, als von der Körperfläche abhängt, in wirbelnde und unebene Bewegung gesetzet wird, welche sich aber nicht auf eine gar lange Distanz erstrecken kann. Unten folgt die nähere Berechnung nebst einer Figur. Diejenigen, welche keine Profeßioniſten ſind und ſich alſo nicht ſo leicht einen Begriff von dem Schaden der zu nahen Nachbarſchaft von zwo Windmühlen machen können, ſind ſehr geneigt ihn für unbedeutend zu halten. Sie ſchließen ſo: der Wind wird nur wenige Tage im Jahr, gerade auf dem Strich wehen, wo eine Mühle der andern nur ſchaden kann — und wenn das auch nun trift, ſo iſt doch der Wind nicht immer ſo ſchwach, daß volle Segel zum mahlen nöthig wären. Aber geſetzt, dies träfe auch nur in jedem Jahre auf 10 Tage ein, was doch ſehr leicht der Fall ſeyn möchte; ſo müßten die Mühlen doch in einer ziemlichen Entfernung und gewiß weit länger aus einander ſtehen als hier bey Sonderburg der Fall iſt, wenn die Mühle, die den Wind über die andere her hat, nicht leicht 4 Tonnen Korn am Tage weniger ſollte mahlen können. Daraus ſchon erwächſt, da eine Tonne Korn 12 ℔. Mahlgeld giebt, ein Schade der jährlich 10 Rthlr. beträgt. Wie oft aber kann der Fall ſeyn, daß der Müller die Gelegenheit vor ſich ſiehet, Grütz und Mehl mit Vortheil abzuſetzen, was er aber erſt mahlen ſoll, und woran er eben itzt gehindert wird. Die Zeitumſtände des Handels und der erhöhte Preis kann ihm in einem ſolchen Fall den angegebenen Schaden verdoppeln. Denn ſelbſt dann, wenn der Wind ſo ſtark iſt, daß er gleichwohl mahlen könnte, ja gar vom Segel abnehmen müßte, ſo wird er doch ſicher nicht ſo viel mahlen können, als wenn er freyen Wind hätte, weil der Wind hinter der vorſtehenden Mühle, woran er ſich bricht, uneben wird, und der Müller um nichts entzwey zu mahlen, eben deswegen die Mühle nicht auf den ſtärkſten und meiſt wirkenden Lauf richten und gehen laſſen darf.

Ich wünſche ſehr, daß dieſe meine Beobachtungen und Folgerungen von Männern geprüft werden möchten, welche in den hieher gehörigen Wiſſenſchaften mehrere Kenntniſſe und Einſichten hätten, um die Mängel der meinigen, wo es etwa erforderlich ſeyn ſollte, zu verbeſſern, und daß ich wenigſtens Veranlaſſung gegeben haben möchte, einmal eine richtige Methode aufzuſuchen, den in Frage ſtehenden Abſtand genau und richtig zu beſtimmen.

Berech=

Berechnung nach beygefügter Figur.

Wenn der Wind so stark wehet, daß der Vereinigungspunct desselben, hinter einer ▢ Fläche von 1 Fuß, auf eine Distanz von 6 Fuß fällt, und man gedachter Fläche zu allen Seiten, 1 ▢ Fuß zusetzen wollte,  daß also die Fläche 9 ▢ Fuß ausmachte, so würde die Vereinigung des Windes erst auf 12 Fuß erfolgen. Wird diese letzte Fläche noch mit einem Zusatz von 1 ▢ Fuß an allen Seiten vergrößert, so wird der Quadratinhalt 25 ▢ Fuß, — und nun erscheint der Vereinigungspunct abermal um 6 Fuß weiter hin, nemlich in einem Abstande von 18 Fuß ꝛc. Auf diese Weise sind die um zwey Einheiten fortsteigenden ungeraden Zahlen, immer die Quadratwurzel zu den Flächen, hinter welchen der Sammlungspunct des Windes jedesmal um 6 Fuß weiter hinausrückt, wie solches aus der Figur deutlicher zu sehen ist. Es versteht sich, daß hiebey die nemliche Stärke des Windes vorausgesetzt wird.

Aus 1521 ist 39 die Quadratwurzel, und diese wäre die 20ste fortschreitende ungerade Zahl. Geetzt also, der Wind wäre so stark, daß derselbe sich hinter einer Fläche von 1 ▢ Fuß erst auf 30 Fuß vereinigte, so wird diese Zahl 30 mit 20 multiplicirt, wovon das Product 600 ist; und da der Wind nun noch hinter dieser Distanz der Vereinigung, in einem fünfmal längern Abstand, eine unebene und wirbelnde Bewegung äußert, so betragen jene 600 Fuß, fünfmal genommen, eine Länge von 3000 Fuß. Hiezu diese erste Distanz von 600 Fuß, so wird das Totale eine Länge von 3600 Fuß. Es läßt sich jedoch wohl einsehen, daß der Luftstrom oberhalb des im Wege stehenden Körpers sich nicht in gleicher Höhe über der Erde fortbewegt, sondern vielmehr nach und nach gegen die Erde neige, und zuletzt an selbige anstoße. Der Winkel aber, nach welchem dieses Herabsinken erfolget, ist schon schwerer zu bestimmen. Nach hierüber angestellten Versuchen kömmt es indessen auch hier auf die Stärke des Windes an. Wenn der Wind so stark wehet, daß die Vereinigung desselben, hinter einem Körper von 1 ▢ Fuß Fläche auf 6 Fuß Distanz erfolget, so trift der über solchen Körper eben hinstreichende Wind, (horizontaler Boden angenommen) gerade auf die nemliche Distanz von 6 Fuß, auf die Erde. Ist aber der Wind so stark, daß derselbe hinter dem gegebenen Körper sich erst auf 30 Fuß sammle, so stößt der über solchen Körper hinfahrende Wind auch erst in der Distanz von 30 Fuß auf die Erde, d. i. der Wind sinkt in beyden Fällen um einen Fuß gegen die Erde. Nun aber wird derselbe in seiner Bewegung gehindert, wenn er an die Erde stößt, die in dem Zusammentreffungspunct entstehende wirbelnde Bewegung dürfte daher auch etwas geschwächt werden, weil die obere Luft nun auch auf sie wirken und sie leichter

nach

nach der Directionslinie mit fortziehen kann. Die wirbelnde Bewegung der zusammengeströmten Seitenluft muß sich folglich um etwas früher verlieren, als wenn der über die gegebenen Körper hinfahrende Wind horizontal bliebe, und sich in gleicher Höhe fortbewegte. Aus dieser Ursache sowohl als weil die zu beyden Seiten hinstreichende Luft nicht gleich stark gedruckt wird, — welches man an Windflügeln und Wetterhähnen ersiehet — so daß der Vereinigungspunct nicht beständig auf einer Linie hinter dem gegebenen Körper anzutreffen ist, habe ich von dem Totale 600 Fuß abgerechnet, und also die nöthige Entfernung zweyer Windmühlen von 1500 □ Fuß, im größesten Diameter, auf 3000 Fuß in grader Linie bestimmt.

Figur.

Vom Windmühlenbau überhaupt.

Eine Windmühle muß auf einer Anhöhe, oder Ebene, gebauet werden, damit der Wind sie von allen Seiten ungehindert bestreichen kann; und ist zugleich darauf hinzusehen, daß keine Gebäude, Bäume oder Berge den Wind abnehmen; auch daß keine Ströme der Mühle nahe vorbey fließen, weil Tiefen eben sowohl als Anhöhen den Wind aufhalten und uneben machen.

Daß der Wind uneben wird, wenn selbiger über Anhöhen oder auch Tiefen hinführt, geschiehet aus folgender Ursache: gesetzt, ein Haus steht mit der Seite quer vor einer Mühle, wenn nun der Wind von dem Himmelsstrich herkommt, daß er gerade über das Haus zu der Mühle hinwehet; so stehet, auf der Seite des Hauses, nach der Mühle zu, die Luft vermöge ihrer Schwere still. Der Wind treibt die Luft über das Haus nach seiner Richtung fort; die hinter dem Hause stillstehende Luft wird, vermöge ihres Zusammenhangs mit der übrigen, mit fortgezogen; wenn diese weicht, so muß ihr Raum wieder durch andere Luft ersetzt werden, und dieses kann nur wechselsweise geschehen, denn so wie der Wind dadurch in einem Augenblick in seiner Fahrt aufgehalten, wird er im andern Augenblick, wenn er sich vor dem Hause und gegen die stillstehende Luft gehäuft hat, mit mehrer Stärke gefördert. Daß dieses sich so verhält, kann man sehen, wenn der Wind einen starken Rauch über ein Haus hintreibt. Nach welcher Gegend nun dieser hinfähret, muß auch die unsichtbar bewegte Luft hinfahren, denn der Rauch muß seiner Leichtigkeit wegen dem Winde in allen seinen Bewegungen folgen.

Die Häuser bey einer Mühle müssen sonach mit ihren Enden gegen die Mühle gebauet werden, weil sie den Wind alsdann nicht so viel abnehmen. Sollte indessen jemand wegen des Raums oder anderer Umstände, die Häuser nicht mit den Enden nach der Mühle zu bauen können; so lehrt die Erfahrung, daß Häuser, welche 60 Fuß von einer Mühle seitwärts entfernt stehen, weniger Stoßwinde verursachen, als diejenigen von selbiger Höhe, welche 400 Fuß entfernt sind. Die Ursache liegt vermuthlich darin, weil im erstern Fall die Stoßwinde nicht höher, als das Haus ist, auf die Mühlenruthen wirken können; im letztern Fall aber einen höhern Wirbel verursachen.

Eine

8

Eine Mühle muß auf einem vesten Boden gebauet werden. Der leimigte ist der beste.

Von Mühlenart oder Walze.

An einer Mühlenwalze, die 80füßige Ruthen tragen soll, wird der Kopf, worinn die Ruthen sitzen, ohngefähr 3 Fuß, und an einer, die 60füßige erfordert, der Kopf etwa 2 Fuß im Quadrat gemacht. Die Länge ist nach einer jeden Mühle verschieden. Eine Mühlenwalze muß, um eben zu laufen, im Halse gedrechselt seyn.

Um eine Mühlenwalze zu drechseln, wird erstlich ein eiserner Zapfen eingehauet, worauf sie hinten laufen soll, und vorne am Ende bey den Ruthenlöchern wird auch, und zwar aus selbigem Holze, ein Zapfen gemacht; alsdann wird sie mit diesen Zapfen so hingelegt, daß sie rumd gedrehet werden kann; hiernächst nimmt man eine lange Schnure, und schlägt selbige 3mal um die Walze, wobey einige Leute sie unterdessen rund ziehen, daß der Zimmermann sie im Halse drechselt.

Im Halse der Walze müssen eiserne Sohlingen ohngefähr  15 Zoll lang und 1 bis 1½ Zoll breit, die längs der Mitte mit Stahl belegt sind, ein Zoll von einander eingehauen, und mit Nägeln und zween Schraubenbändern beveftigt werden.

Die Walze wird im Halse so dick gemacht, wie sie nur immer aus dem Holze werden kann, damit, wenn die Sohlingen durchgeschliffen sind, wiederum neue eingehauen werden können.

Der Hals der Walze muß auf einem Stein, den man aus Holland kriegt, oder auf einem Stück Metall 8 bis 10 Zoll breit, und der Zapfen auch auf einem Stein und gegen ein Stück Stahl (Ochsenkopf genannt) laufen.

Man findet hier in dieser Gegend eine Sorte dunkelbleue Kampfsteine, die hart, compakt und fein ist; diese Sorte kann sehr gut als Halsteine zurrichte gemacht werden. Ich habe einen davon unter meiner Mühlenwalze, der bereits über 30 Jahre darunter gelegen hat und noch gut ist.

Die Walze muß vor — zwischen — und hinter den Ruthen, mit starken eisernen Splintbändern gebunden werden.

Die Walze der Ruthen legt man ordinair (wenn sie vom Halse bis an den Zapfen 20 Fuß Länge hält) so, daß die Mittellinie des Halses 2 bis 3 Fuß höher, als die Mittellinie des Zapfens, zu ruhen kömmt, damit die Walze mit Ruthen nicht so leicht ausläuset, wenn der Wind bey unbeständiger Witterung, Gewittern ꝛc. plötzlich umspringt; auch muß die Walze im Halse höher liegen, damit eine Mühle ihre

rechte

rechte Proportion erhalten könne. Denn wollte man eine Walze ganz horizontal legen; so müßte eine Graupenmühle oben und unten gleich dick seyn.

Eine Bockmühle müßte dann auch die Ruthen so kurz haben, daß sie über den Fuß der Mühle laufen könnten: da aber die langen Ruthen vor den kürzern vielen Vorzug haben, weil sie leichter und ebener laufen; so wäre dies auch schädlich.

Da der Wind nichts anders als eine in Bewegung gesetzte Luft ist, die Luft aber je näher der Erde, je compakter, so äußert sie unten stärker ihre Wirkungen als oben; dieses bestätigt auch die Erfahrung, denn unterschiedenemalen ist es mir arrivirt, daß die Hecken der untern Ruthen, unter dem Segel, im starken Sturm zerbrochen, da die obern allezeit ganz geblieben sind.

Sollte eine Mühlenwalze so gelegt werden, daß der Wind die Ruthen gleich stark bestriche; so müßte sie gelegt werden, daß die untersten Ruthen vor dem Winde abfielen, und die obersten gegen den Wind zu liefen: allein aus obigen Gründen kann solches nicht geschehen.

Zu Mühlenwalzen ist Eichenholz das beste.

Wie übrigens eine Mühlenwalze gemacht und gestaltet werden soll, ist auf der IIten Tafel Fig. 1. zu sehen.

Beantwortung der von einer hochpreißlichen Landhaushaltungs-Gesellschaft zu Kopenhagen gethanen 7ten Frage: Wie eine Mühlenwalze, wenn selbige der Dicke wegen nicht aus einem Stück Holz zu kriegen, und auch wenn selbige weder der Dicke noch Länge halber zu haben ist, aus Stücken zusammengezimmert werden soll?

Ist eine Mühlenwalze aus einem Stück Holz zu haben; so ist sie immer stärker, und man thut besser, sie davon anzuschaffen, sollte man sie auch theuer bezahlen, denn die Zusammenfügung von mehrern Stücken erfordert vielmehr Zeit und Arbeitslohn, daher diese auch theuer genug zu stehen kommen. Wie indessen eine Windmühlenwalze aus vier Stücken in Hinsicht der Dicke zusammengesetzt werden soll, ist aus Taf. I. Fig. 1. zu sehen, und wie eine Wassermühlenwalze aus 8 Stücken der Länge und Dicke nach ergänzt werden soll, ist auf der Taf. I. Fig. 2 u. 3. zu betrachten.

Von Mühlenruthen.

Eine Mühlenruthe von 80 Fuß Länge wird von 3 Stücken Zimmer verfertiget, mit eisernen Splintbändern zusammengesetzt; sie muß in der Mitte ohngefähr 15 bis 16 Zoll

16 Zoll, an beyden Enden 5 Zoll im Quadrat halten, hingegen eine Mühlenruthe von 60 Fuß länge, muß in der Mitte ungefähr 11 bis 12 Zoll und an den Enden 4 Zoll im Quadrat halten. Man muß die Ruthen so zusammenfügen, daß die Hecken durch beyde Stücken laufen; auch muß die Fuge (Sarfung) ziemlich lang seyn, um stärker zu halten.

Die Ruthen werden vorne ganz gerade gemacht, und muß folglich alles auf der hintersten Seite, nach dem kleinen Ende zu, abgenommen werden. Die Löcher zu den Hecken werden 1 Fuß von einander, 3 Zoll lang und 1 Zoll breit, in die Ruthen gehauen.

Die beste Art eine Mühlenruthe zu bohren, daß die Hecken den besten Fall oder die Schrege bekommen, die Segel ruhig darauf liegen, und sie auch vom Winde am stärksten getrieben wird, ist, wie die Erfahrung es lehrt, diese, welche in Taf. I. Fig. 8. gezeichnet worden, wornach ersichtlich, wie viel Fall die Hecken auf eines Fußes länge haben müssen.

Von dem kleinsten Ende der Ruthen gerechnet, muß

N. 1. auf 1 Fußes länge — 1 Zoll außer Winkel gegen den Wind stehen.
— 3. — — — muß den rechten Winkel von 90 Gr. halten.
— 7. — — — fällt 1 Zoll außer Winkel vor dem Winde ab.
— 10. — — — 1½ Zoll ab — —
— 13. — — — 2 Zoll — — —
— 16. — — — 2½ Zoll — — —
— 19. — — — 3 Zoll — — —
— 22. — — — 3½ Zoll — — —
— 25, 26, 27 u. 28. — fallen 4 Zoll vor dem Winde ab.

Wenn die erwähnten Nummern gebohret sind, setzet man in jede einen Stock von 3 Quart. länge, und bindet gleich hoch über die Ruthen, von einer zur andern, eine Schnur, wornach die noch fehlenden Hecken gebohrt werden. Die Ruthen werden so gebohret, daß sie von der linken zur rechten Hand laufen.

Wenn eine Mühlenruthe fertig gezimmert ist, wird sie ganz genau in der Mitte, auf eine runde eiserne Stange gelegt, um zu sehen, ob beyde Enden gleich schwer sind, wo nicht, muß solches noch mit den Splintbändern gemacht werden.

Je längere Ruthen man einer Mühle geben kann, desto vortheilhafter ist es; denn diese gehen nicht allein leichter, da der Wind als die Kraft einen längern Hebel erhält, sondern die Erfahrung bestätigt auch, daß die langen Ruthen viel ebener als die kürzern ihren Lauf halten. Zwar

Zwar müssen die Ruthen nach ihrer Länge die verhältnißmäßige Dicke haben, und werden daher je länger je schwerer. Die Walze, welche die Ruthen tragen soll, muß auch stärker seyn, mithin Walze und Ruthen schwerer. Lange Ruthen haben daher im Halse der Walze mehrere Friction, die jedoch in Hinsicht des Vortheils nicht in Betracht kommen kann.

Die Erfahrung lehrt ferner, daß die Mühlenruthen mit Hecken und Windbrettern, nicht über 7 Fuß Breite haben können: denn da der Wind manchmal so stark wehet, daß man ganze Tage für bloße Hecken, nach abgenommenen Windbrettern, pellen kann; so müßte man im starken Winde, würden die Ruthen breiter gemacht, mit der Mühle still halten. Will man bey wenigerem Winde eine größere Fläche auf den Ruthen haben, worauf der Wind wirken kann; so muß es so eingerichtet werden, daß man diese Fläche im Sturm wiederum ganz wegnehmen kann.

In Portugal sind Mühlen mit 6 Ruthen, worinn keine Hecken sind; sie haben zwischen den Ruthen ein dreyeckigtes Segel, (wie eine Schiffsvorderfegel) folglich hat der Wind auf dieser Art von Mühlen mehrere Fläche, worauf er wirken kann, als auf den Unsrigen. Weil aber das Segel zwischen den Ruthen ausgespannt ist; so hat es in der Mitte eine Hölung, welche auf der einen Seite den Lauf befördert, und auf der andern wieder hindert, deswegen diese Mühlen nicht schnell laufen können. Mann könnte zwar auf selbige Art die Fläche auf unsern Ruthen vermehren, wenn zwischen den Ruthen ein dreyeckigtes Segel ausgespannt würde. Zum langsamen Lauf, als zum Mehlmahlen, müßte es nothwendig bey wenigem Wind vortheilhaft, hingegen zum Pellen dürfte es wohl schwerlich dienlich seyn. Ich habe solches nicht versucht, weshalb ichs auch nicht so ganz empfehlen kann. Nächstens werde ich aber eine Probe damit anstellen.

Auch auf folgende Weise wären die Ruthen der Windmühlen vortheilhaft einzurichten: die Ruthen und Hecken nämlich müßten, wie vorhin gezeigt, mit allem dahin gehörigen beybehalten werden, ausgenommen, daß man in die Ruthen vier gute starke Hecken setzte, wovon die eine den dritten Platz der gewöhnlichen Hecken von dem obern, die 2te den dritten Platz derselben von dem untern Ende der Ruthen einnähme; und die übrigen beyden müßten so in der Mitte gesetzt werden, daß zwischen allen ein gleich großer Raum existirte. Diese Hecken werden 2 Fuß länger als die sonst gebräuchlichen verfertiget, wesfalls keine davon weder den obersten noch den untersten Platz der gewöhnlichen Hecken einnehmen könne, weil sie, auf den Fall, oben an die Mühlenkuppe und unten gegen die Zwölftheilung laufen würde. Auf die Seite der Ruthe, wo die Windbretter sitzen sollen, werden alle Hecken bey derselben abgesaget;

saget; und so wird eine Walze, die im Diameter 5 Zoll hält, eben so lang als die Segel seyn müssen, solchergestalt angebracht, daß selbige circa 1 Zoll von der Ruthe entfernt, und auch 1 Zoll mehr zurück als die vorderste Seite der Ruthe zu stehen kömmt, damit die Walze unter den Windbrettern umgedrehet werden könne. Im obersten Ende der Walze wird ein eiserner Zapfen von 1½ Zoll, und im untersten Ende ein Zapfen von 1½ Zoll in Diameter eingesetzet. Auf dem untersten Zapfen muß ein Rad mit Zacken, worinn ein Stopper fallen kann, angebracht werden; auch muß er außen vor das Rad viereckigt seyn, damit die Walze dabey vermöge eines Schlüssels umgedrehet werden könne. Längst der Walze wird die eine Kante des Segels in gerader Linie aufgenagelt, so, daß das Segel, wenn die Walze umgedrehet wird, um selbige sich windet; auf der andern Kante des Segels wird eine Leiste 1½ Zoll in Quadrat von Holz angenagelt. Gerade vor die obermähnte vier Stück langen Hecken, werden um die leisten Linien (Tauwerk) bevestiget, welche auf Rollen, so am äußern Ende der 4 Hecken angebracht sind, laufen, womit das Segel nach Belieben ausgespannt werden kann, und auf jede 2 Ellen der Ruthe aufwärts, werden eiserne Knie hinten auf derselben so angenagelt, daß die Windbretter darauf bevestiget werden können. Die oberste und unterste von diesen Knien werden auch so gemacht, daß die Walze mit ihrem Zapfen bequem darinne laufen könne. Auch werden die Windbretter ein guter halber Zoll von der Ruthe entfernet, angenagelt, damit das Segel durch die dadurch bewirkte Oefnung gehet, wenn selbiges um die Walze gewunden werden soll. Auf diese Weise könnte man den Ruthen, bey wenig Wind, nach Belieben mehr Fläche geben, und also mehr mahlen, und im starken Sturm selbige wieder wegnehmen, folglich macht sie alsdann keine Hinderung. Weil auch die Segel bey dieser Methode oben und unten zugleich vermindert werden können; so müssen solche Ruthen im starken Winde ebener laufen als die gewöhnlichen, wo man bey heftigem Winde die Segel von den untersten Enden der Ruthen zuerst abnimmt. Und da auch hiebey die Segel um die Walze gewunden werden: so können sie von ganz dichtem Zeuge, als Wachstuch oder gemahltes Leinen, verfertiget werden, worauf der Wind stärker als auf dünners Leinen, wovon die Segel noch jetzt sind, wirket. Man erhält sonach bey dieser Methode drey wichtige Vortheile, die man bey der gewöhnlichen Art Ruthen nicht haben kann; nur kommt es noch darauf an, ob sie bey einer jeden Witterung practicable sey; z. B. ob die Segel bey starkem Froste, wenn sie vom Eise dick sind, sich um die Walze winden lassen, und ob 1 Stück Holz zu einer Walze von der Länge zu haben, welches steif genug wäre, und sich nicht würfe. Tannenholz möchte wohl das tauglichste dazu seyn. Die Beschreibung dieser Methode gründet sich also nur noch auf vielfältiges

Nach-

Nachdenken, nicht aber auf praktische Versuche, die ich jedoch, sobald ich neue Ruthen zu meiner Mühle machen lasse, anstellen, und so den Erfolg davon, er sey gut oder schlecht, zum Besten des allgemeinen Mühlenwesens, öffentlich bekannt machen werde.

Von den Ruthenhecken.

Die Hecken müssen nicht allzustark gemacht werden, weil der Wind sie nur gerade eindrückt, und ihnen nicht mehr Lauf giebt, als die Kraft des Windes auf die Schrege wirken kann; sie müssen jedoch auch nicht dünner gemacht werden, als daß sie eine Person gut tragen können. Von föhrenem Holze werden sie bey den Ruthen 3 Zoll breit und 1 Zoll dick, und bey dem kleinen Ende 2 Zoll breit und ½ Zoll dick verfertiget, weil sie sich sodann von dem Winde in einen Bogen drücken lassen, und folglich gegen den Wind eine Federkraft äußern, welche sie mehr als die allzustarken Hecken in die Runde setzt. Daher kann auch eine Mühle mit den gedachten Hecken, bey wenigerm Winde, als eine mit starken und dicken Hecken laufen.

Von den Windbrettern.

Die Windbretter der Ruthen werden unten 15 Zoll und oben 8 Zoll breit verfertiget; sie werden mit der, von der Ruthe entfernteren Seite 4½ Zoll außer Winkel, gegen den Wind gesetzt, damit der Wind desto stärker auf selbige wirken könne; und die untersten 12 bis 14 Fuß derselben, sind zugleich so zu machen, daß sie ausgenommen werden können. Da also die untersten Windbretter abzunehmen sind; so könnten sie noch breiter, als oben erwähnt worden, gemacht werden, wenn sie im starken Winde zu regieren wären: so aber hat man alsdann mit denen von obiger Größe genug zu thun.

Wenn die Ruthen von gleicher Schrege und Breite sind, und nach ihrem Hebel gleiche Friktion haben, bewirkt der Wind den Lauf der Ruthen nach ihrer verschiedenen Länge, und verhält sich wie ein jeder deren Cirkel zum andern. Dieses ist so zu verstehen: eine Mühlenruthe hat 30 Pf. Friktion und formirt mit ihren äußersten Enden einen Cirkel von 200 Fuß, die sie in vier Secunden durchläuft; eine andere Mühlenruthe hingegen hat 15 Pf. Friktion, und macht einen Cirkel von 100 Fuß. Wenn nun erwähnte beyde Ruthen gleich stark vom Winde getrieben werden; so muß letztere, in der nämlichen Zeit, ihren Cirkel zweymal durchlaufen, in welcher erstere ihn nur einmal durchstreicht.

B 3 Die

Die Friktion einer Walze zu berechnen.

Da man die Schwere der Walze und Ruthen eigentlich nicht wissen kann: so läßt sich die Friktion, welche eine Walze im Halse hat, auch nicht genau bestimmen. Die Berechnung ist sonst auf folgende Art zu machen:

Gesetzt eine Mühlenruthe wiegt 1000 Pf. also beyde Ruthen — — 2000 ℔
deren Walze — — — — — — — 2000 ℔
das Kammrad — — — — — — — 700 ℔
die ganze Schwere also — 4700 ℔

Von dieser Schwere liegt auf dem Halse der Walze, der im Diameter 2 Fuß hält — — — — — — — 4200 ℔

Will man nun die Friktion mit Gewicht, in einem Strick um die Walze, heben, so wird beynahe die Helfte Schwere, nämlich 2100 Pf. dazu erfordert; diese hängt man in den Strick, dem Halse so nahe, daß der Zapfen nur 40 Pf. dadurch erschwert wird, also die ganze Last des Zapfens 540 Pf. Der halbe Diameter der Walze ist 1 Fuß, und der halbe Diameter des Zapfens $1\frac{1}{2}$ Zoll, folglich die Distanz vom hypomochlio = 8.

Es wird also um diese Friktion zu heben, an der Peripherie der Walze annoch ein Gewicht von — — — — — $67\frac{1}{2}$ ℔ | $\frac{6}{3}$
erfordert.

Weil die Last aber hierdurch vermehret wird, erfordert sie wieder $\frac{1}{3}$ von dieser Schwere — — — — — — $22\frac{1}{2}$ ℔ | 3
hiervon wieder $\frac{1}{3}$tel — — — $7\frac{1}{2}$ | 3
hiervon wieder $\frac{1}{3}$tel — — — $2\frac{1}{2}$ | 3
ebenfalls $\frac{1}{3}$tel. — — — — $\frac{5}{6}$ | 5
                                                        | 17

die Friktion des Zapfens zu heben, erfordert — — $100\frac{5}{6}$ ℔.

Vorige halbe Schwere, die auf dem Halse der Walze liegt — 2100 ℔.
hievon gehen ab — — — — — 40 ℔.
die der Zapfen trägt.

Die Friktion des Halses zu heben erfordert demnach — — 2060 ℔.
und die Friktion des Zapfens — — — — $100\frac{5}{6}$ ℔.
= $2160\frac{5}{6}$ ℔.

Wenn also die Last durch die Kraft vermehrt, wird an der Peripherie der Walze die Friktion zu heben erfordert — — $2160\frac{5}{6}$ ℔.

Da

Da der Wind nicht die Schwere im Halse vermehrt; so wird nur ⅓ Kraft gegen die Last erfordert, um die Friktion zu heben, nemlich von 4200 Pf. Last ⅓ Kraft — — — — 1400 ℔.
Da der halbe Diameter des Zapfens 1½ Zoll, und der halbe Diameter der Walze 12 Zoll, folglich die Distance vom hypomochlio 8 = ist; so ist erforderlich, die Friktion der 500 Pf. die auf dem Zapfen an der Peripherie der Walze liegt, zu heben — — 62½ ℔ Kr.

$$= 1462\tfrac{1}{2} \text{ ℔. Kr.}$$

Wenn also die Schwere nicht durch die Kraft vermehret wird, so werden an der Peripherie der Walze um die Friktion zu heben, 1462½ Pf. Kraft erfordert. Weil aber der Wind beregte 1462½ Pf. Kraft, mit dem Zapfen gegen den Ochsenkopf drückt, verursacht dies beinahe 731¼ Friktion. Da sich nun der Diameter des Zapfens gegen den Diameter der Walze, wie 1 gegen 8 verhält, und folglich an der Peripherie der Walze die Friktion zu heben erforderlich sind — 91 7/2 ℔. wozu vorerwähnte Kraft der — — — — — 1462½ ℔.

$$= 1553\tfrac{7\ 2}{1\ 5} \text{ ℔.}$$

also muß der Wind so stark auf die Ruthen wirken, daß sie bey der Peripherie der Walze, ein Gewicht von 1553 7/2 Pf. heben können, ehe er diese Ruthen in Lauf zu bringen vermögend ist. Die Friktion kann aber durch das Schmieren auch viel vermindert werden.

Die Schwere der Walze kann man ebenfalls berechnen, wenn man den Diameter der Walze und die Länge der Ruthen genau weiß; denn wenn sich der Diameter der Walze gegen die Länge der Ruthen, wie 1 gegen 30 verhält, so ist die Distance vom hypomochlio = 30. Kann nun die Friktion mit 140 Pf. Kraft auf den Enden der Ruthen gehoben werden; so wiegt die Walze mit Ruthen — — 4200 ℔.
Hierzu kommen annoch was der Zapfen von der Walze trägt, ungefähr 500 ℔.

$$= 4700 \text{ ℔.}$$

Da hiernächst der Diameter des Zapfens sich gegen die Länge der Ruthen, wie 1 gegen 240 verhält; so würde um die 500 Pf. welche der Zapfen trägt, an den Enden der Ruthen, um diese Friction zu heben, nicht einmal 2 Pf. Kraft erfordert.

Wenn also bey den Enden der Ruthen, die Friktion mit 142 Pf. gehoben werden kann, haben Walze und Ruthe eine Schwere von 4700 Pf.

Vom

Vom Räderwerk.

Ein Rad, dem die Kämme an der Seite sitzen, wird ein Kamm- oder Kronrad genannt; ein solches Rad wird in den Wind- und Wassermühlen um die Walze gesetzt. In einer Windmühle, die 6füßige Ruthen hat, muß ein Kronrad 8 bis 9 Fuß, und in einer von 9füßigen Ruthen, muß gedachtes Rad 9 bis 10 Fuß im Diameter halten. Ersteres wird mit Mondvelgen und Krümmeisen 10 Zoll, und letzteres 12 Zoll dick verfertiget, damit der Fang Kraft genug erhält, die Mühle zu halten. In einer Mühle von 6füßigen Ruthen, und worinn die Peilsteine 5 Fuß im Diameter halten, müssen die Kämme in dem Kammrad 5 Zoll Abtheilung, und in einer, die 9füßige Ruthen trägt, welche die Peilsteine 6 Fuß im Diameter hat, 5¼ Zoll Abtheilung haben. Diese Abtheilung der Kämme des Kronrades muß nicht viel größer oder kleiner gemacht werden; denn macht man sie weiter, so werden zwar die Kämme und Stöcke dicker und stärker, aber ihre Zahl weniger, und folglich faßt alsdenn das Kronrad weniger Stöcke im Getriebe, und jemehr Stöcke die Kämme fassen, desto ebener schließen sie mit einander; macht man die Abtheilung hingegen kleiner, so verlieren die Kämme der Stärke und Dauer wegen zu viel.

Damit die Stöcke des Getreibes dem Kammrad, der Stärke wegen, ganz nahe laufen mögen, muß etwas von den äußersten Kanten der Kammlöcher einwärts abgenommen werden; wieviel dies seyn soll, ist folgendergestalt zu erfahren:

Auf die Walze wird eine Mittellinie gemacht; wenn dieses geschehen, drehet man die Walze um, nimmt sodann eine feine Schnur, woran ein Gewichte hängt, und schlägt damit eine perpendiculäre Linie. Nach dem Winkel nun, welchen die beyden Linien formiren, wird der Schrabestock gestellt; sodann nimmt man ein rechtes Winkelmaas von 90 Graden, und setzt selbiges auf das Rad inwendig der Krümmeisen; der Schrabestock wird so gegen den Winkel gehalten und von den Krümmeisen einwärts so viel abgenommen, daß selbige mit dem Schrabestock obigem Winkel halten.

Zu einer Mühle die 6füßige Ruthen hat, wird ein Kronrad mit 61 oder 63 Kämmen, und zu einer von 9füßigen Ruthen, ein Kronrad mit 71 oder 73 Kämmen verfertiget. Die Zahl der Kämme nimmt man gern uneben, damit ein Kamm nicht immer dieselbigen Stöcke im Getreibe fasset, auf daß die Kämme und Stöcke desto egaler mit einander verbraucht werden können. Wie ein Kammrad sonst gemacht werden soll, ist auf der I. Tafel 4. Fig. zu sehen.

Die Kämme zu Kron- und Sternrädern müssen aus hartem vesten Holze verfertiget werden. Im Trocknen ist Hagebuchenholz gut; hingegen im Feuchten, bey

Wasser-

Waſſermühlen, muß man gutes braunes oder ſpaniſches Eichenholz haben. Die Köpfe der Kämme in einem Kammrad, wo die Abtheilung 5½ Zoll iſt, müſſen 5 Zoll lange und 3⅞ Zoll Breite haben. Um den Kämmen und Stöcken in Hinſicht der Abtheilung die verhältnißmäßige Dicke zu geben, wird die Abtheilung oder der Stich, in 5 gleiche Theile getheilt, da denn die 2 Theile, die Dicke der Kämme, und die übrigen 3 Theile den Diameter der Stöcke zeigen. Auch müſſen die Kämme ſo vom Holze genommen werden, daß ſie mit der Spiegelſeite gegen die Stöcke des Getriebes faſſen. Wie die Kämme ſonſt zu machen ſind, daß ſie gemächlich auf das Getriebe wirken, iſt auf der Tafel II. Fig. 3. zu ſehen.

Von Getrieben.

Ein Getriebe wird ein Rad genannt, welches von einem größern Rade umgetrieben wird, und einigemale gegen ſelbiges umläuft. Es hat zwey Scheiben, zwiſchen welchen die Stöcke ſitzen. Die Scheiben deſſelben werden mit eiſernen Bänden ſo gebunden, daß die Stöcke mit ihren äußerſten Kanten an die Peripherie derſelben zu ſtehen kommen, damit die Getriebeſtöcke (der Stärke wegen) ganz nahe an die Kammräder zu laufen kommen können. Dem Getriebe einer aufſtehenden Walze, giebt man ſo viel Stöcke, daß es zweymal gegen das Kammrad einer Windmühle umläuft.

Wie ſonſt die Scheiben der Getriebe gemacht werden ſollen, iſt auf Taf. I. Fig. 10. 11. zu betrachten.

Die 2te Frage einer höchſtpreislichen Landhaushaltungs-Geſellſchaft zu Kopenhagen, war dieſe: Wie eine Getreibeſcheibe zuſammen gezimmert werden ſollte, wenn das Holz dazu, der Breite wegen, nicht aus einem Stück zu haben wäre?

Wie eine Scheibe aus mehrern Stücken gemacht werden kann, iſt auf der Taf. I. Fig. 8. 9. zu ſehen. Die Stöcke dazu werden rund gedrechſelt, und müſſen mit ihrer ganzen Dicke ½ Zoll in die Scheiben eingehauen, und ſo lang gemacht werden, daß die Kämme 2mal darauf faſſen können. Man verfertigt ſie aus Sauerapfel-Baum-Holze.

Vom Bunkel.

Ein Bunkel iſt ein Getriebe von einer Scheibe, welches man bey der Feuerle (womit man das Korn vor der Mühle aufhitzt) braucht. Ich habe auf der aufſtehenden Walze, ſtatt des gewöhnlichen Getriebes, einen Bunkel, und halte dies beſſer;

C denn

denn wenn Stöcke im Getreibe entzwey gehen; so muß entweder das Getreibe ausgenommen, oder auch Nothstöcke eingesetzt werden, womit man die Scheiben verdirbt. Einen Nothstock nennt man einen solchen, der an dem einen Ende seine völlige Dicke hat. Er wird durch die oberste Scheibe mit seiner ganzen Dicke durchgeschlagen.

Von Sternrädern.

Ein Sternrad nennt man ein Rad, welches die Kämme, seiner Peripherie nach, geradeaus sitzen hat. Der Diameter eines Sternrades muß so groß gemacht werden, daß unter dem Rade zwischen den Pellsteinen hinlänglicher Raum werde. In einer Mühle, welche Pellsteine von 6 Fuß in Diameter führt, wird die Abtheilung oder der Stich im Sternrad $3\frac{1}{2}$ Zoll, und auf ein Sternrad, welches einen Pellstein von 5 Fuß im Diameter treiben soll, wird die Abtheilung 3 Zoll gemacht. Ein Sternrad muß 2 Zoll kleiner als der Abtheilungszirkel gemacht werden, damit beregter Zirkel ungefähr mitten auf die Kämme gezogen werden kann,

Die Zahl der Kämme ist diese: in einer Mühle, die 60füßige Ruthen führt, werden in ein Sternrad 113 bis 115 Kämme, und in einer mit 80füßigen Ruthen in ein Sternrad 139 bis 141 Kämme eingesetzt.

Die Kämme eines Sternrades zu $3\frac{1}{2}$ Zoll Abtheilung, müssen die Köpfe 3 Zoll lang und $3\frac{1}{2}$ Zoll breit, und die Kämme in ein Sternrad zu 3 Zoll Abtheilung, müssen die Köpfe $2\frac{1}{2}$ Zoll lang und $2\frac{1}{2}$ Zoll breit haben.

Je breiter die Kämme verfertiget werden, desto mehr Friktion verursachen sie; man muß aber auch dabey auf die Dauer hinsehen, und sonach können sie, der Stärke wegen, nicht schmaler verarbeitet werden.

Die Dicke der Kämme, nach der Abtheilung, wird wie bey dem Kammrade gezeiget werden, bestimmt; wie sonsten die Kämme beschaffen seyn sollen, daß sie gemächlich in die Getreibe einwirken, siehet man auf Taf. II. Fig. 4. Nur muß ich noch hiebey anmerken, daß die Kämme und Stöcke mit zusammengeschmolzenen Pottloth und Talg geschmieret werden.

Wie übrigens ein Sternrad gezimmert werden soll, ist Taf. I. Fig. 6. 7. zu sehen.

Von Friktion der Räder.

Ein Rad, das auf zwoen Zapfen läuft, ist ein gleichseitiger Hebel, und das Centrum, um welches es beweget wird, ist sein hypomochlium.

Wird in eine mechanische Maschine eine Walze mit zwey Rädern eingesetzet, um entweder Kraft oder Zeit zu gewinnen: so ist der halbe Diameter des kleinern Rades, der

der kürzeste Theil, und der halbe Diameter des größesten Rades, der längste Theil des Hebels. Die beyden Räder mit ihrer Walze machen nur einen Hebel aus, dessen hypomochlium das Centrum ist. Soll bey der Maschine Kraft gewonnen werden, muß die Kraft, welche die Maschine treiben soll, bey dem längsten Hebel; ist hingegen Zeit zu gewinnen, muß die Kraft bey dem kleinsten Rade, oder kürzesten Hebel angebracht werden.

Um zu wissen, wie viel Friktion ein Rad hat, welches auf zween Zapfen läuft, dient folgender Aufschluß: Gesetzt, daß ein Rad 400 Pf. wiegt, daß die Zapfen im Diameter 3 Zoll sind, und das Rad im Diameter 6 Fuß; so ist der halbe Diameter des Zapfens 1½ Zoll, der kürzeste Theil des Hebels und der halbe Diameter des Rades der längste Theil des Hebels, folglich die Distance von hypomochlio = 24. An der Peripherie des Rades ist also, um die Friktion zu heben, 16⅔ Pf. Kraft erforderlich.

Die Schwere eines Rades kann auch auf nachgedachte Weise berechnet werden, wenn man den Diameter des Zapfens und des Rades weiß; denn wenn ein Rad von 8 Fuß in Diameter auf Zapfen von 4 Zoll im Diameter läuft; so ist die Distance vom hypomochlio = 24. Kann man also die Friktion an der Peripherie des Rades mit 20 Pf. heben, so wiegt das Rad 480 Pf.

Bey einer aufstehenden Welle mit Sternrad, welches auf einem Zapfen von 1½ Zoll im Diameter lauft, muß die Friktion auch auf obige Weise berechnet werden. Die von einer höchstpreislichen Land-Haushaltungs-Gesellschaft zu Kopenhagen gethane 4te Frage, war diese: eine sichere Methode anzugeben, wornach die Räder und Getriebe auf den Walzen zu stellen seyn, daß des Rades Fläche mit der Walze Mittellinie den rechten Winkel von 90 Graden mache, und daß auch die Mittellinie der Kämme auf allen Seiten gleich weit von der Walze Centrum entfernt sey. —

Ein Rad auf eine Walze, die horizontal liegt, zu stellen, wird, wie folget, gemacht: Erstlich wird die Walze umgedrehet, und man zeichnet im Umdrehen auf jede Ecke der Walze einen Strich, wo das Rad sitzen soll; nach diesem Strich werden die Klotzen eingeschlagen, gegen welche das Rad sitzt. Alsdann wird das Rad lößlich mit Keilen bevestiget. Quer vor dem Rade wird ein gerades Brett solchergestalt vest gemacht, daß man die Entfernung der Seiten des Rades davon sehen könne. Die zwey gerade gegenüberstehenden Seiten des Rades werden zuerst gekeilt, so daß sie beyde gleich weit, im Umdrehen, von dem quer vor dem Rade sitzenden Brette entfernt sind; sodann werden die andern zwey Seiten ebenfalls gekeilt, daß sie mit den erſten beyden gleich weit vom Brette entfernt ſind. Wenn man dies erlanget hat, muß man, bevor es ganz veſt gekeilt wird, zuſehen, ob das Rad nicht im Umdrehen an den Seitenwand. Dieſes zu erfahren, wird auf erwähntes Bret, gerade vor der vorderſten Seite des Rades, ein gerader Strich gemacht, alsdann das Rad umgedrehet, da man denn ſiehet, ob es mit allen vier Seiten, gleich weit, mit der vorderſten Kante, vom Striche entfernt ſey; wo nicht, ſo muß es noch mit dem Feſtkeilen geſchehen. Bey dem Feſtkeilen eines Rades muß es umgedrehet, und jeder Keil gleich ſtark geſchlagen werden, damit es ſich nicht wieder verrücken laſſe.

Ein Rad oder Getreibe auf einer Walze, die perpendiculair ſteht, zu keilen, geſchieht folgendergeſtalt: erſt wird das Rad ſo hoch aufgehoben, als es ſeyn ſoll, und ſodann unter demſelben 2 Hölzer, auf 2 gegen einander überſtehenden Seiten der Walze, beveſtiget, die das Rad tragen können. Auf dieſe Hölzer wird das Rad mit Keilen ganz horizontal gelegt, ſo, daß es auf allen Seiten, im Umdrehen, von dem veſt gemachten Brette oder Stock, ſo quer vor dem Rade ſitzt, mit deſſen Peripherie gleich weit entfernt liegt. Alsdann werden die zwey Seiten des Rades, zwiſchen den Hölzern, die das Rad tragen, veſt gekeilt, hernachſt die Hölzer abgeſchlagen, damit die andern 2 Seiten auch gekeilt werden können.

Wenn ein Rad oder Getreibe ſo geſtellt oder gekeilt worden, muß es mit ſeiner Fläche und der Walze Mittellinie, den Winkel von 90 Graden halten, und mit deſſen Peripherie auf allen Seiten gleich weit von der Walze Centrum entfernt ſtehen.

Die 5te Frage einer höchſtpreislichen Land-Haushaltungs-Geſellſchaft zu Kopenhagen war dieſe: Wie werden die Kämme in die Räder eingeſetzt, daß die Mittellinie derſelben gerade das Centrum des Rades zeiget?

Kämme in ein Kron- oder Kamnrad zu ſetzen, geſchieht folgendergeſtalt: Erſt werden die Kämme nach dem Maaße zugehauen und ins Rad geſetzt, ſodann wird das Rad umgedrehet, und die Kämme der Länge und Breite nach abgeſchrieben und abgehauen, dann die Theilungszirkel mitten auf die Enden der Kämme (oder man richtet ſich auch nach dem Theilungscirkel auf dem Rade) abgeſchrieben, die Theilung auf die Kämme umgeſtochen, und ſelbige, der Dicke nach, wie auf Taf. II. Fig. 3. zu ſehen iſt, abgeſchrieben und abgenommen. Wenn die Kämme ſo verfertiget und in die Kronräder eingeſetzt worden, ſo muß die Mittellinie derſelben gerade auf das Centrum des Rades zeigen.

Kämme in ein Sternrad zu ſetzen.

Erſt werden die Kämme nach dem Maaße zugehauen und ins Rad eingeſetzt, nachgehends der Länge und Breite nach abgeſchrieben und abgenommen, dann der
Theilungs-

Theilungscirkel abgeschrieben, und so die Theilung auf die Kämme umgestochen, (wie weit der Theilungscirkel außer der Peripherie des Rades auf die Kämme gezeichnet werden soll, pflegen die Zimmerleute auf das Kamm-Maas abzustechen, wornach man sich richten kann,) sie werden sonst, der Dicke nach, wie auf Taf. II. Fig. 4. — zu sehen, abgeschrieben und abgenommen. So verfertiget und ins Sternrad eingesetzt, muß die Mittellinie derselben grade aufs Centrum des Rades zeigen.

Von den eisernen Zapfen, wie sie gemacht und in die Walzen gesetzt werden sollen.

Die von einer hochpreislichen Land-Haushaltungs-Gesellschaft zu Kopenhagen aufgeworfene 3te Frage ist folgende:

Wo werden in den Mühlenwerken die viereckigten eisernen Zapfen, die von der Seite in die Walzen eingesetzt, und wo werden in den Mühlenwerken die Brust- oder Fleenzapfen gebraucht?

In Walzen, welche horizontal liegen, werden viereckigte Zapfen eingesetzt, weil sie die Walze nebst Rädern auf die Seite tragen sollen. Die vierkantigen eisernen Zapfen zu verfertigen, siehe Taf. I. Fig. 20.

In Walzen, die perpendiculair stehen, werden Brust- oder Fleenzapfen unten eingesetzt, weil diese die Walze nebst Rädern auf den Enden tragen. Oben in den perpendiculair stehender Walzen und Spillen, können gerne viereckigte Zapfen seyn, doch sind die zweysteenigen Brustzapfen die gebräuchlichsten. Einen Brustzapfen zu machen, siehe Taf. I. Fig. 21.

Eiserne Zapfen, die perpendiculair stehen, und mit ihren untersten Enden gegen ein Stück Stahl in einem Pütchen laufen, müssen mit Raböhl geschmieret werden; bey dem obersten Zapfen wird 1 Stück Talg hingelegt, welches, wenn der Zapfen warm wird, schmelzt, und von selbst daran lauft. Die Mühlenwalzen, die mit Hals und Zapfen gegen Steine laufen, werden mit Fette und nicht mit Oehl geschmiert. Letzteres würde sogleich ablaufen, und dadurch Trockenheit veranlassen.

Zapfen in eine Walze zu setzen, daß sie im Umlaufe nicht zwanke, geschieht auf nachstehende Weise. Erstlich wird der Balken ganz gerade und genau in Quadrat verarbeitet, sodann auch genau in der Mitte, auf allen 4 Seiten längs des Balkens, ein Schnurschlag gezogen, welches auch auf allen vier Seiten des Zapfens geschiehet. Demnächst werden die Zapfen so eingehauen, daß die Schnurschläge beydes auf Walze und Zapfen in gerader Linie mit einander zu stehen kommen. In Steinspillen müssen die Zapfen und Rühren auf selbige Art eingesetzt werden.

Wenn

Wenn Steinspillen gedrehet werden sollen, muß die dazu gehörige eiserne Spille und der Rien vorgesetzt werden, damit die Spille mit dem untersten Ende auf dem Hals der eisernen Spille und mit dem obersten Ende auf dem Zapfen umgedrehet werden kann; alsdann wird sie mit einer Schnur von einigen Leuten unterdessen rundgezogen, daß der Zimmermann selbige 3 oder 4 Stellen ganz rund drechselt, wornach das Uebrige abgehauen und abgehobelt wird.

Die Steinspillen werden aus gutem föhren Holze verfertiget. Zu Walzen in Wind- und Wassermühlen ist Eichenholz am besten.

Von Mühlensteinen.

Will man einen Mühlenstein abbahnen, wird dessen Peripherie in 3 Theile getheilt, sodann wird nach einem Richtstock ein Dreyhuck dergestalt gezeichnet, daß die äußern Striche desselben sich 6 Zoll von dessen Peripherie in einander schneiden, und dann einwärts beregter Dreyhuck so breit gehauen, daß der Richtstock darinn gezogen werden kann, welcher vorher unten mit Rothstein zu bestreichen, damit man dadurch gewahret, wo etwa noch mehr abgehauen werden soll. Diesen Dreyhuck hauet man so tief, daß der Richtstock von allen Seiten in die Kreuze, wo die Linien des Dreyhucks einander schneiden, schreibet. Wenn dieser Dreyhuck fertig ist, wird noch einer, von selbiger Größe, so gemacht, daß er mit den Linien quer über den vorigen läuft, auch von nämlicher Tiefe eingehauen, damit der Richtstock auf die Linien sowohl dieses als des ersten Dreyhucks Kreuze schreibet. Um nicht allzugroße Plätze ohne Richtstock abzubahnen, können zudem gerade über den Mittelpunkt des Steins 3 Schläge gemacht werden. Wie Schläge auf einen Stein gemacht werden sollen, ist auf Taf. II. Fig. 10. deutlich zu sehen.

Von Pellsteinen.

Da ein Pellstein die Schale der Gerste meistens abschleifen muß; so ist keine bessere Sorte dazu, als grobe Sand- oder Schleifsteine, die von Newcastle in Engeland gebracht werden. Je gröber ein solcher von Materie, desto besser zum Pellen. Ein Pellstein muß mit dessen Kante die Schale der Gerste abschleifen, wesfalls an den untersten Seiten desselben 6 Strahlen eingehauen werden, die das Korn bey der Kante halten können. Um Strahlen in einen Pellstein zu setzen, theilt man die Peripherie desselben in 6 Theile; alsdann nimmt man den halben Diameter des Steins und zeichnet damit die Strahlen, so daß sie 5 Zoll über den Mittelpunkt des Steines, bis an die gezeichneten 6 Theile laufen; welches deutlicher Taf. II. Fig. 11. zu sehen. Die Strahlen werden auf einen Stein von 6 Fuß, 1½ Fuß lang und 1½ Zoll tief

tief gemacht, in deſſen Peripherie oben 3½ Zoll und unten 2½ Zoll weit, in die innere Ende aber nur 2½ Zoll oben, und 1½ Zoll unten, weit gemacht. Die Strahlen, ſo in Pellſteinen ausgehauen werden, können ſich gegen das Korn nicht halten, daher müſſen eiſerne Strahlen ⅛ Zoll dick dazu, mit 2 Haken, daß ſie mit Bley gegen den Lauf perpendikulair veſt gegoſſen werden können.

Einige binden die Pellſteine mit 2 eiſernen Bänden, eins von 4 Fuß im Diameter 1 Zoll breit und ⅛ Zoll dick, welches oben in den Pellſtein eingehauen, und inwendig mit trocknem Holze ſo feſt gekeilt wird, daß es gehörig bindet; das andere von 3 Fuß im Diameter 1 Zoll breit und ⅛ Zoll dick, wird auf der unterſten Seite des Pellſteins eingehauen.

Von dem Binden der Pellſteine halte ich gar nichts, weil die Steine von dem vielen Einhauen geſchwächt werden. Zwar muß ich geſtehen, daß das etwanige Springen eines gebundenen Pellſteins nicht ſo vielen Schaden thut, als eines ungebundenen; iſt er aber nicht geſund, hält das Binden ihn auch nicht.

Der Rien muß ſo eingehauen werden, daß die eiſerne Spille, welche den Stein tragen ſoll, von allen Seiten ganz perpendikulair darinn zu ſitzen kommt. Auch muß der Rien mit trocknem föhren Holze veſt gekeilt, oder mit Bley veſt gegoſſen werden. Wenn der Rien veſt gemacht worden, wird der Stein nach der Krone gehauen, ſo, daß er ganz rund, und vom Halſe der eiſernen Spille bis an die Peripherie des Steins auf allen Seiten gleich weit ſey.

Da ein Pellſtein, obſchon gleich dick, doch ungleich ſchwer ſeyn kann; ſo muß er vorher abgewogen, und auf allen Seiten gleich ſchwer gemacht werden, damit er nicht, durch den ſonſt unegalen Schwung, die Friktion vermehre.

Ein Dülchen alſo, (ein ſpitzes rundes Stück Stahl,) worauf der Stein abgewogen werden ſoll, ins Holz zu ſetzen, geſchiehet folgendergeſtalt: die eiſerne Spille wird in den Rien geſetzt, alsdann nimmt man einen Paſſer und zeichnet auf die 4 Rienklauen, gleich weit vom Halſe der Spille entfernt, einen Strich, ſodann wird die eiſerne Spille wieder aus dem Rien genommen, und dagegen ein Stück hartes Holz ſo zurecht gemacht, daß ſelbiges ganz genau in den Rien paſſet; demnächſt wird das Stück Stahl ins Holz ſo eingeſetzt, daß von der Spitze des Stahls bis an die gezeichneten 4 Striche auf den Rienklauen gleich weit ſey; und dann der Pellſtein umgelegt, daß er mit dem Dülchen auf ein plattes Eiſen laufen kann; wenn er ſo liegt, kann man ganz genau ſehen, ob er auf allen Seiten gleich ſchwer iſt. Sollte ein Pellſtein nun auf einer Seite einige Pfund ſchwerer ſeyn; ſo kann man oben auf den Pellſtein

6 Zoll

6 Zoll von der Peripherie auf der entgegengesezten Seite eben so viele Pfund Bley vest gießen, die das Gleichgewicht halten können. Das Bley wird mit 3 oder 4 löchern in den Stein, die unten weiter als oben gemacht werden, bevestiget.

Wenn ein Pellstein unten abläuft, so kann er unten mit gekochtem Leinöhl bestrichen werden, und wird sodann gewiß nicht ablaufen; doch müssen die eisernen Strahlen oder Flechten nicht weggenommen werden.

Ein Pellstein muß ein viertel Zoll entfernt von dem untersten Stein laufen.

Zu dem untern Stein nimmt man einen abgesetzten Pellstein, der ungefähr 4 Fuß im Diameter hält. Um den Stein wird ein hölzerner Schlengel von 1 Fuß Breite mit eisernen Bolten durch das Unterlager bevestiget, um den Küp darauf zu nageln, und den untern Stein darin vest zu keilen. Mitten in den Unterstein wird ein loch von 1 Fuß in Quadrat gemacht, worinn der hölzerne Borß bevestigt wird, und in dem Borß, durch welchen die eiserne Spille steckt, ist es am besten metallene Nötten zu brauchen, denn diese halten am besten gegen den Hals der Spille Stand. Einige haben auch Nötten von Pochenholz, solche sind aber vieler Veränderung unterworfen, indem sie abbröckeln und verbrennen können.

Der Küp wird ungefähr 1 Zoll größer im Diameter, als der Stein gemacht, damit der Stein einen guten viertel Zoll vom Bleche entfernt laufe. Auch wird der Küp ungefähr 2 Zoll höher, als der Stein dick ist, gemacht. Denn, wenn mehr Höhe als 1, höchstens 1½ Zoll über den Stein im Küp vorhanden ist, so treibt er das Korn nicht geschwind genug heraus, er mag, auf welche Weise es auch immer geschehen kann, noch so gut gestrahlet werden. Und je eher ein Pellstein sich vom Korn befreyen kann, desto mehr und vortheilhafter kann damit ja gepellt werden.

Das eiserne Blech, womit der Küp beschlagen wird, muß so dicht als möglich mit löchern gestempelt werden, jedoch nicht größer, als daß Rabsaat dadurch gehen könne. Mit der untersten Seite des eisernen Blechs, auf welcher es von den Stempeln erhoben und schroff geworden, muß es gegen den Stein gekehrt werden.

Ein Pellstein von 5 Fuß in Diameter, kann das Korn nicht eher bey der Kante, als in jeder Secunde seinen Zirkel 4mal zu durchlaufen. Er gehet guten Pellgang, wenn er in jeder Secunde seinen Zirkel 5mal durchläuft. Da ein Pellstein vom Unterstein und Küp ¼ Zoll entfernt läuft, und folglich das Korn nicht brechen kann, so konnte selbiger nicht so stark laufen, wenn er es halten konnte.

Auf die Dicke der Pellsteine kömmt es nicht so genau an. Man kann damit pellen, wenn sie 8 bis 13 Zoll dick sind. Doch ist folgende Dicke, nach ihrer Größe, die bequemste

bequemste und vortheilhafteste, nämlich: wenn ein Pellstein, der im Diameter 6 Fuß hält, 11 bis 13 Zoll, und 1 von 5 Fuß, wenn er 9 bis 10 Zoll dick sey.

Von Mehlsteinen.

Zum Mehlmahlen muß man einen Ober- und Unterstein haben. Die Rheinischen sind die besten dazu. Einige haben zwar auch Kompf- oder Nordischen-Marmor; allein letztere sind von Materie ganz compakt und hart, und werden vom Gebrauch ganz glatt, weshalb sie nur wenig Nutzen schaffen; die Rheinischen aber sind löcherigt und daher schärfer.

Die größesten und besten Rheinischen Mehlsteine halten im Diameter 5 Fuß 3 Zoll, und 18 Zoll Dicke, daher sie gemeiniglich 18ner Mehlsteine genannt werden. Auch sind welche vom nämlichen Diameter, die nur 16 Zoll Dicke halten, und 16ner genannt werden. Letztere Sorte wird zu Untersteinen gebraucht.

Man kann auch mit Steinen, die 4 Fuß 6 Zoll im Diameter und 16 Zoll dick sind, und gemeiniglich Jungfernsteine genannt werden, Mehl mahlen.

Ein Mehlstein wird auf selbige Weise, wie vorher bey den Pellsteinen gezeigt worden, abgebahnt.

Um einen Mehlstein zu strahlen, theilt man dessen Peripherie in 16 gleiche Theile, nimmt sodann den halben Diameter des Steins, und zeichnet vom Centrum bis an erwähnte 16 Punkte desselben. Den Zwischenraum nennen die Müller Flochten. Die Strahlen werden in jede Flochte, wie Taf. II. Fig. 14. zu sehen, $\frac{1}{2}$ Zoll breit, und der Boden zwischen den Strahlen $\frac{1}{2}$ Zoll breit und $\frac{1}{2}$ Zoll tief, gehauen; sie werden alle mit dem halben Diameter des Steins gezeichnet. Auch strahlen Einige die Mehlsteine auf nämliche Art, wie nachgehends bey den Brechsteinen vorkommt, die ebenfalls ganz gut mahlen.

Das Loch, oder Auge, durch den Stein, wird 11 Zoll breit gemacht.

Der Rien muß so eingehauen werden, daß die eiserne Spille ganz perpendikulär unterm Stein zu sitzen kömmt.

Die Schlucklöcher im Auge werden 2 Zoll tief, 6 Zoll lang und 3 Zoll breit gemacht.

Die Mehlsteine müssen mit zwey eisernen oder eschenen Bänden gebunden werden, weil es sich auch zutragen kann, daß Mehlsteine vom Mahlen springen.

Ein Mehlstein mahlt mit seiner Fläche auf dem Unterstein, und nimmt vom Gebrauch an Dicke und Schwere ab. Als oberster Mehlstein ist er unbrauchbar, wenn er nicht über 8 Zoll Dicke hat; er kann aber sodann zum Unterstein gebraucht werden, oder man befestiget auch einen abgesetzten Peilstein auf ihn, da er dann so lange zum obern Mehlstein genutzt werden kann, bis er nur 4 Zoll noch hat.

Den Peilstein auf einen Mehlstein zu befestigen, läßt sich auf folgende Weise am besten thun: Es werden 6 Löcher, ein Quartier vom Rande, durch den Peilstein gebohret, und in gleicher Weite, oben auf dem Mehlstein, von einander abgezeichnet. In den Mehlstein werden die Löcher 2½ Zoll tief, und 2 Zoll oben, hingegen 2½ Zoll unten ins Gevierte eingehauen; hierin werden eiserne Schrauben mit Bley fest gelöthet, welche durch den Peilstein gehen, und womit selbiger auf den Mehlstein festgeschraubt wird.

Die von einer höchstpreislichen Landhaushaltungs-Gesellschaft gethane 9te Frage war diese:

Worinn besteht die Kunst einen Mehlstein aufzulegen, oder abzuhangen, daß er den Unterstein mit seiner Fläche auf allen Seiten gleich stark berühre, und — was ist die Probe, woraus erhellet, daß dieses erlangt worden ist? —

Ein Mehlstein muß erstlich, und vor allen Dingen gut abgebahnet, und seine Fläche ganz gerade und eben gemacht, bevor die Strahlen darauf gehauen werden, sonst kann er unmöglich den Unterstein mit seiner ganzen Fläche berühren, und folglich auch nicht gut und eben mahlen. Vors 2te muß die eiserne Spille mit Rien, (Langeisen mit seinen Federn) ganz genau in den obern Mehlstein nach der Krone eingehauen werden, daß der Spille Langeisen, nach des Steins Fläche, ganz perpendiculair zu stehen kommt; auch muß der Rien so eingehauen werden, daß er nur mit 2 bis 3 Zoll, von den äußersten Enden der Rienklauen, den Stein trägt, damit der Stein ganz sicher aufn Rien liegt.

Und vors 3te muß der Unterstein ganz accurat nach Wassermaas, auf allen Seiten mit seiner Fläche ganz horizontal gelegt werden. Wenn dies beobachtet worden, wird die eiserne Spille durch den Borß des untersten Mehlsteins in die Pfanne, wo sie laufen soll, eingesetzt, und der oberste Mehlstein auf den Rien gelegt, sodann der oberste Mehlstein umgeschoben, damit man sehe, wie er auf dem Steg liege. Die Seite des obersten Mehlsteins, welche den Unterstein erst berühret, schiebet man um, und probiret, ob selbige auf allen gegenüberstehenden Seiten, gleich weit vom Unterstein entfernt; wo nicht, so muß der Pfannblock zur Seite darnach gefeilet werden, daß man solches ganz genau erhalten könne. Hiernächst versucht man, ob der

Stein

Stein auch accurat auf dem Rien hänget, auf welchen der oberste Stein, so dicht über, und an den untersten gelassen wird, daß selbiger nur eben frey gehen kann. Die vier gegen einander überstehende Seiten des obern Mehlsteins werden mit A. B. C. und D. gezeichnet; alsdann wird der Stein unterdessen umgeschoben, daß jemand denselben, dann und wann, gegen den untersten Stein druckt. Die Seiten nun, die am schwersten zu drücken, sind weiter vom Unterstein entfernt, als die so leichter daran gedrückt werden können.

Sind die Seiten A. B. dem Unterstein näher, als die C. D. werden selbige mit einer eisernen Stange aufgehoben, und auf die beyden Rienklauen unter A. B. dicke Hobelspäne eingesteckt, bis selbige mit C. D. den Unterstein gleich stark berühren. Wenn ein Mehlstein gehangen worden, werden die Oefnungen über den Rien, im Auge des Steins, wohl verwahret und zugestopft, damit das Korn nicht im Mahlen auf den Rien einlaufe, und dadurch im Hängen sich verändere.

Ein Mehlstein, so aufgelegt und gehangen, berühret mit seiner ganzen Fläche den Unterstein gleich stark, und wird sicher gutes ebenes Mehl mahlen. Hiervon wird die Erfahrung einen Jeden, der mit Mühlen umgehet, und die Steine dergestalt aufleget und hänget, überzeugen, und folglich dies statt der Probe dienen.

Noch sind nachfolgende 3 Stücke zum Mehlstein gehörig, nothwendig zu bemerken: erstlich, ein Mehlstein muß nicht zu tief gehauen werden, denn sonst kann er unmöglich gutes, ebenes und feines Mehl mahlen. Die behörige Tiefe ist oben angezeigt worden. Zweytens, die eiserne Spille muß nicht zu kurz seyn, weil der Stein dann nicht im Hangen auf dem Steg Stand hält; sie muß also nicht kürzer, wohl aber ein wenig länger, als der halbe Diameter des tragenden Mehlsteins gemacht seyn. Und 3tens muß das Unterlager oder der Steg mit leichter, gut und stark seyn; auch so, daß es weder vom Schweren noch Leichten des Steines sich zu den Seiten bewegen lasse, denn die geringste Bewegung desselben verursacht auf den Laufer große Veränderung, so, daß selbiger dadurch den Unterstein auf der einen Seite stark, und auf der andern fast gar nicht berühret. Wie ein Unterlager oder Steg gemacht werden solle, siehe übrigens Taf. I. Fig. 13.

Bey einem Mehlstein kommt es eigentlich nicht auf schnellen Lauf an. Ein Mehlstein von 5 Fuß 3 Zoll in Diameter, gehet guten Lauf, wenn er in 3 Sekunden 4 Mal seinen Lauf beschließet, ja man kann gut Mehl mahlen, wenn er in jeder Sekunde seinen Zirkel, sogar wenn er nur in 4 Sekunden dreymal seinen Zirkel durchläuft.

28

Von Brechsteinen.

Zum Grützmahlen oder Brechen sind zwey Steine, nämlich ein Ober- und Unterstein erforderlich. Die rheinischen sind die besten.

Die größesten Brechsteine, die gebräuchlich, sind vorerwähnte Sorte von 4 Fuß 6 Zollen. Man hat auch in Mühlen Grützsteine von 4 Fuß im Diameter und darunter. Ein Brechstein wird, wie bey den Mühlensteinen angeführet worden, abgebohnt.

Um einen Brechstein zu strahlen, wird dessen Peripherie in Zolle abgetheilt; alsdann nimmt man einen Stangzirkel, stellet selbigen nach dem halben Diameter des Steins und zeichnet die Strahlen damit so, daß sie alle in das Centrum des Steines laufen. Die Strahlen werden ½ Zoll breit, der Boden zwischen den Strahlen ⅜ Zoll breit und ⅛ Zoll tief, eingehauen, welches deutlich auf Taf. II. Fig. 21. zu sehen.

Auf diese Art werden auch viele Mehlsteine gestrahlet, jedoch mit dem Unterschiede, daß die Strahlen in Mehlsteinen nicht völlig so tief eingehauen werden. Das Joch, oder Auge, durch den Brechstein, wird 10 Zoll im Diameter, und die Schlucklöcher werden 5 Zoll in der Länge, 3 Zoll in der Breite, und im Auge 2 Zoll tief eingehauen.

Der Rien wird wie in einen Mehlstein eingehauen.

Auch wird ein Brechstein wie ein Mehlstein mit hölzernen Bändern gebunden.

Ein Brechstein von 4 Fuß 6 Zoll, gehet guten Lauf, wenn er in 3 Sekunden 5mal seinen Zirkel, und ein Brechstein von 4 Fuß guten Lauf, wenn er ihn in jeder Sekunde 2mal durchläuft.

Wenn ein Mühlenstein von der rechten zur linken Hand umlaufen soll, müssen die Strahlen vom Auge des Steins zur rechten Hand gezeichnet; so aber ein Stein von der linken zur Rechten umlaufen soll; so müssen sie, vom Auge des Steines zur linken Hand gemacht werden.

Von der besten Methode, einen Mühlenstein in eine Bockmühle aufzunehmen.

Ist die Walze von dem Kammrad bis an den Zapfen, rund oder achteckigt; so kann der Stein mit einem starken Tau auf folgende Weise aufgenommen werden. Dieses Tau wird bey dem Zapfen dreymal um die Walze geschlagen, doch so, daß es, wenn die Walze umgedrehet wird, nach dem Kammrad zu laufe. Unten wird das Tau durch den Stein befestiget, und oben von einer Person stark an die Walze gezogen.

gezogen. Bey den Enden der Ruthen werden Stricke umgebunden, womit die Ruthen mit Walze umgezogen werden; und so wie die Ruthen umgezogen, muß die Person oben das Tau immer stärker an sich ziehen. Die Ruthen werden dann so lange umgezogen, bis der Stein aufgebracht worden ist. NB. Ehe der Stein aufgenommen wird, muß zur Sicherheit unter dem Zapfenblock, damit es nicht bricht, eine Stütze gesetzt werden.

Hat man kein so starkes Tau, oder ist die Walze viereckigt, so muß über die Walze ein Bock auf beyden Seiten des Vierecksbalken gesetzt werden. Ein solcher Bock von zween langen Sparren, 8 Zoll im Quadrat und 10 Ellen lang, wird unter die Walze stark zusammen gebunden, damit die Mühle nicht aus einander gedruckt werde. Oben wird der Bock zu beyden Seiten mit starken Tauen gebunden, so daß er ganz perpendiculair zu stehen kommt. In den Bock wird ein zschiebiges Ehlenblock, und an den Mühlensteln ein zschiebiges mit starken Tauen (oder Stroppen) befestiget. Die Ehlenlinie (oder der Läufer) wird 2 bis 3mal um die Walze geschlagen, und die Mühlenruthen, wie oben gedacht worden, mit Stricken umgezogen, unterdessen daß die Ehlenlinie von einer Person beständig und stark an die Walze gezogen wird, damit sie nicht an der Walze gleitschet.

Von Aufnehmung der Mühlensteine in eine achteckigte Graupenmühle.

Ueber den Boden, worauf der Stein gebracht werden soll, wird unter der Seuerie, auf die Balken ein starkes Stück Holz hingelegt, woran der Ehlen befestiget wird; auch muß dahin gesehen werden, den Ehlen so hoch zu hangen, daß die Ehlenblöcke nicht eher zusammen gehen, bevor der Stein, so hoch er soll, aufgehisset worden. In den Wind-Graupenmühlen werden alle Böden unter der Seuerie so gelegt, daß, wenn Steine oder Räder aufzunehmen sind, sie bequem und ohne Schaden weggethan werden können. Auch wird, wenn Steine aufgenommen werden sollen, die Mühle darnach getroyet, so, daß die kleinste Ende der Walze gerade über die Seuerie zu stehen kommt, damit die Ehlenlinie um das kleine Ende der Walze geschlagen, und der Stein ganz perpendiculair aufgenommen werden kann. Hat man eine gute starke Seuerie; so kann der Ehlenläufer um der Seuerie Walze geschlagen, und unter der Seuerie eine Stütze gesetzt werden, damit sie nicht aus den Kämmen fällt. Die Ehlenlinie muß bey dieser, sowohl als obiger Art, beständig von einer Person angezogen werden, während die Mühle, wie oben erwähnt, mit Stricken so lange umgezogen wird, bis der Stein, so hoch er soll, aufgehisset worden.

Da in Mühlen die Kraft, durch welche ein Stein aufzunehmen, oben angebracht werden kann; so muß das kleinste Ehlenblock mit 2 Scheiben oben, und das mit 3 Scheiben, unten an den Stein befestiget werden. Auf diese Weise kann mit einem solchen Ehlen eine eben so große Last aufgenommen werden, als mit einem von 3 oder 4scheibigen Blöcken, wenn die Kraft zur Aufnehmung der Last unten angebracht ist. Das sind die besten Methoden, Steine aufzubringen; denn auf solche Weise kann der Ehlen immer so angebracht werden, daß er mit allen seinen schneidenden Linien ganz perpendiculair den Stein aufziehet.

Vom Fang.

Der Fang, womit eine Mühle im Lauf aufzuhalten, wird um das Kammrad der Walze gesetzt, so daß er mit einem Hebel um das Rad entweder los oder geklemmt werden kann. Die Blockfangen mit Gliedern sind die besten. In kleinen Bockmühlen haben Einige Fangen von einem starken eschenen Bügel, und einem festen Duhrn; diese halten aber nicht so gut, wie die obigen.

Ein Kammrad wird von Eichen oder sonst andern Arten hartes und starkes Holz verfertiget, daher der Fang, um besser zu halten, aus welchem, nämlich: Ellern- oder Pappelholz gemacht werden muß. Wenn aber ein Kammrad zum Theil aufgeschlissen, und daher mit welchem Holz gefüttert und geschützet wird, kann der Fang von Eichenholz verarbeitet werden. Wie ein Blockfang ums Kammrad gesetzt werden soll, ist auf den Mühlenzeichnungen Taf. IV. Fig. 2. b zu sehen.

Von Wind-Graupenmühlen.

Die Grundveste, worauf das unterste Tafelement von einer zecklgten Mühle liegen soll, kann sicher von gebrannten Steinen, in Kalk gelegt werden; sind indessen gute große Feldsteine zu haben, ist es sehr dienlich, unter jeden Ständer des Achtecks einen zu legen.

Einige bauen Graupenmühlen mit Kellern, solchergestalt: sie lassen, um die untere Etage von Zimmer und Zwickstellung zu sparen, die Ruthen bis an die Erde laufen, haben auf dem untersten Boden die Pellerey und im Keller das Grützbrechen. Hiervon ist gar nichts zu halten, denn der Keller muß mit einer starken dicken Mauer in Kalk aufgeführt, versehen werden, und kostet dennoch beynahe eben so viel als das Zimmer; zudem ist es nicht allein viel ungelegener und unbequemer damit, sondern die Ruthen, die der Erde so nahe laufen, werden auch nicht so eben, als diejenigen, welche 16 bis 18 Fuß von der Erde ab sind, vom Winde getrieben.

Die

Die Weite des Fundaments muß nach der Länge der Achtecks- Ständer berechnet werden, und finde ich also, daß, wenn 1 Ständer 53 Fuß Höhe oder Länge hat; so muß das unterste Taflement 32 bis 34 Fuß, und das oberste 17 Fuß im Diameter halten, um einer Graupenmühle nach der Höhe eine proportionirliche Dicke, gehörige Schwere und Festigkeit zu geben.

Wer eine vollständige holländische Grütz- und Graupen-Mühle bauen und den sogenannten halben Boden darin haben will, muß 8 Achtecks-Ständer von 53 Fuß Höhe oder Länge dazu nehmen, und wird der Raum zwischen jedem Boden am besten eingetheilt, wie folget.

Vom Kropring bis an die obersten Balken	5 Fuß	8 Zoll
Der Spilleboden, wo das Korn vor der Mühle aufgehitzet, und in den Spillbacken geworfen	1	6
Des Stirnrads Boden, wo das Stirnrad und die Getriebe der Steine laufen	8	4
Die Mahlzahl, wo die Pellsteine laufen	9	6
Der halbe Boden, wo die Mehl- und Brechsteine liegen	12	.
Von dem halben Boden bis an das unterste Taflement	8	.
Die Zapfen der Ständer	1	.

Sind obige 53 Fuß.—

Um einer Mühle oben Festigkeit zu geben, müssen die Balken des obersten Bodens tief in die Ständer eingezimmert werden; und weil die Zwickstellung gleiche Höhe mit dem Mahlzahl-Boden haben muß; so ist dahin zu sehen, daß dieser so eingezimmert werde, daß die Mühlenruthen nach der Höhe einer Mühle die proportionirliche Länge erhalten können.

Zu mehrerer Festigkeit müssen die sechs Ständer und Balken mit proportionirlichen langen Bändern zusammen gezimmert, auch einige Kreuzbänder eingezimmert oder angenagelt werden.

Die Zwickstellung, über welche die Ruthen oben überlaufen, erhält Höhe nach der Mahlzahl, nämlich 30 Fuß übers Fundament;

Also hat man von der Zwickstellung bis an den Kropring eine Höhe von 32 Fuß
Die Dicke des Kroprings, Wasserleisten, Halsblocks, und halbe Dicke
der Walze, in allem ungefähr — — — 7 —

39 Fuß

Von

	Transp. 39 Fuß
Von der Zwickstellung müssen die Ruthen entfernt laufen	1
Folglich kann die halbe Mühlenruthe lang gemacht werden.	38 Fuß

Wie eine achteckigte Graupenmühle sonst zusammen gezimmert werden soll, ist auf Taf. III. Fig. 1. 2. 3. zu betrachten.

Von der innern Einrichtung einer Mühle.

Bey einer Mühle, die vom Winde getrieben, kommt es vornemlich darauf an, daß man nach der Länge der Ruthen, die Hebel der Räder so einrichte, daß die Kraft des Windes die Ruthen nicht in größere oder geringere Bewegung setzet, als nöthig ist, den verlangten Lauf oder die Kraft der Steine (das Korn zu mahlen) zu bewirken. Wollte man bey kurzen Ruthen die Räder so einrichten, daß sie langsam giengen, und doch die verlangte Kraft und den Lauf wirken sollten, so müßte starker Wind dazu, selbige zu treiben, und eben so, wenn lange Ruthen ihren Zirkel geschwinder umlaufen müßten.

In der Mechanik ist es eine allgemeine Regel: was man an Kraft gewinnt, verliert man an Zeit. Bey den Mühlen wird beydes Kraft und Zeit erfordert, folglich muß die Kraft und die Last gleich lange Hebel haben; dies geschiehet bey den Mühlen, wenn Ruthen und Steine in gleicher Zeit einen Zirkel von gleicher Größe machen; denn wenn die Diameter einiger kleinen Cirkel eben so viel als der Diameter eines größern Cirkels ausmachen; so müssen ihre Peripherien, wenn sie alle aus einem Centrum gezogen, auch einander gleich seyn.

Ein Pellstein rolle mit der Dicke seiner äußersten Peripherie, und muß in jeder Secunde einen Zirkel von 80 Fuß durchlaufen. Hiezu wird Zeit und Kraft gleich stark erfordert, daher obige Einrichtung zum Pellen, außer allem Zweifel, die richtigste ist.

Und da die Mühlenruthen nicht vor dem Winde abfallen, sondern zur Seite vor den Wind umlaufen; so stehen die Ruthen beständig in einer Stärke gegen den Wind, daher der Wind seine Kraft eben so stark auf diejenigen, so langsam, als auf die, welche geschwind umlaufen, äußern kann; und folglich auch in dieser Hinsicht Bestätigung für obigen Satz.

Zwar könnte die Friction der Hebel auch hier in Betracht kommen, da der Hebel der Kraft mit den Hebeln der Last gleiche Friktion haben mußte; allein die Ungleichheit

gleichheit ist von keinem Belang, weil der Hebel der Kraft nicht schwerer ist, als die Hebel der Last. Ersterer läuft mit seiner mehresten Schwere auf dem ganzen Diameter der Walze, dahingegen letztere auf Zapfen von 1½ Zoll im Diameter laufen; wesfalls man glauben sollte, daß ersterer mehr Friktion als die letztern hätte.

Wenn aber eine Mühle im Lauf zum Pellen ist; so laufen die Steine nach Auslassung des Korns, vor die Mühle, und stoßen mit den Stöcken hart an den Kämmen, daß sie wieder zurück laufen; dies verursacht viele Friktion; und da die Steine vielermal gegen die Ruthen umlaufen und ihre Schwere jedesmal in Betracht kommt, auch die Friktion der Kämme und Stöcke bey dem öftern Durchlaufen stark ist; so wird die Friktion des Hebels der Kraft, und derjenigen der Last, einander gleich seyn.

Je wenigere Hebel oder Räder man in einer Mühle braucht, die verlangte Bewegung zu bewirken, desto mindere Friktion, und folglich desto leichterer Lauf.

In einer vollständigen Grütz- und Graupenmühle, in welcher man nothwendig 4 Gänge, nämlich 2 Pellsteine, 1 Mehlstein und 1 Brechstein braucht, wird ein Stirnrad erfordert; denn mehr als ein Gang läßt sich vor dem obersten Rad, das um die Walze sitzt, nicht anbringen, und mehrere Räder um die Walze zu setzen, verursachte fast gleiche Friktion, und wäre viel ungelegener als wenn die Steine vor einem Stirnrad laufen.

Um die Walze der Ruthen in einer Graupenmühle, wird erstlich ein großes Kammrad gesetzt, (des Rades Diameter gegen die Länge der Ruthen ist vorhin beschrieben) welches mit Walze und Ruthen den Hebel der Kraft ausmacht, nämlich: die halbe Länge der Ruthen ist der längste Theil, und der halbe Diameter des Kammrades der kürzeste Theil des Hebels; das Centrum der Walze sein hypomochlium.

Um Zeit und Lauf zu gewinnen, wird zweytens in einer Graupenmühle eine aufstehende Walze mit Getreibe und Stirnrad erfordert; diese zusammen machen den ersten Hebel der Last aus, nämlich: der halbe Diameter des Stirnrades ist der längste Theil und der halbe Diameter des Getreibes, der kürzeste Theil beregten Hebels; das Centrum der Walze sein hypomochlium.

Vors Stirnrad laufen drittens die Getreiben der Steine, aus welchen der 2te Hebel der Last besteht. Der halbe Diameter des Getreibes ist der kürzeste Theil, und der halbe Diameter des Steins der längste Theil des Hebels; der Spille Centrum sein hypomochlium. Eine Graupenmühle wird sonach von 3 Hebeln, einem der Kraft und zweien der Last bewegt.

In einer Mühle, die 76 Fuß Ruthen führt, können füglich 2 Pellsteine von 6 Fuß im Diameter gelegt werden. Zu erfahren, wie oft ein Pellstein gegen die Ru-

E then

34

then umlaufen soll, wird des Steines Diameter, in der ganzen länge der Ruthen, (welche der Diameter des Ruthencirkels ist) dividirt; so oft ersterer in letzterer enthalten, muß also ein Pellstein, um mit den Ruthen gleichen Cirkel zu machen, umlaufen, weil sodann die Diameter der Cirkel des Steins eben so viel als der Diameter des Ruthencirkels ausmachen; denn da die Cirkel alle aus einem Centrum gezogen, müssen ihre Peripherien einander auch gleich seyn. Pellsteine von 6 Fuß im Diameter, gegen Ruthen von 76 Fuß länge müssen also $12\frac{2}{3}$ mal ihren Cirkel in der nämlichen Zeit durchlaufen, in welcher die Ruthen ihn nur einmal durchstreichen. In einer solchen Mühle wird um die Walze der Ruthen ein Kammrad von 73 Kämmen, $5\frac{1}{2}$ Zoll Abtheilung, und auf die aufstehende Walze ein Getriebe von 36 Stöcken gesetzt; folglich läuft die aufstehende Welle mit Stirnrad $2\frac{1}{36}$ mal rund, wenn die Ruthen einmal umlaufen. Um die aufstehende Walze wird ein Stirnrad von 141 Kämmen, $3\frac{1}{2}$ Zoll Abtheilung, und auf die Pellsteine werden Getriebe von 22 Stöcken gesetzt; da denn die Pellsteine gegen das Stirnrad $6\frac{9}{22}$ mal, und gegen die Ruthen ungefähr 13 mal rund laufen.

Zu erfahren, wie oft die Steine einer Mühle gegen die Walze umlaufen, wird die Zahl der Kämme in dem Kamm- und Stirnrad mit einander multiplicirt; die Zahl der Getriebstöcke der aufstehenden Welle, und die Getriebstöcke der Steine werden auch mit einander vermehrt, alsdann das Faktum der Kämme mit dem Facto der Getriebstöcke dividirt, und der herauskommende Quotient wird den wievielsten Umlauf der Steine zeigen. Z. B.

In dem Kammrad 73 Kämme.	In dem Getriebe der aufstehen-
Im Stirnrad 141 —	den Walze — — 36 Stöcke.
73 —	und in dem Getr. der Steine 22 —
293 —	72 —
73 —	72 —
10293 —	792 —

$$\begin{array}{r} 78 \\ 2879 \\ \overline{10293} \\ 792 \\ 73 \end{array} \; 12\frac{789}{792} \text{ Quot.}$$

Folglich ist hieraus zu ersehen, daß in der Zeit, da die Ruthen einmal, die Pellsteine fast 13 mal umlaufen. Dieser Cirkel der Steine ist zwar etwas größer, als der Cirkel der Ruthen; weil aber die Steine von dem Gebrauch in ihrem Diameter abnehmen; so kann er füglich auch ein wenig größer gemacht seyn.

Da

Da ein Pellstein vom Gebrauch in seinem Diameter kleiner wird; so müssen die Räder oder Getriebe darnach eingerichtet werden, daß die Steine und Ruthen in gleicher Zeit einen Cirkel von gleicher Größe machen. Das oberste Kammrad oder das Stirnrad zu verändern, ist zu weitläuftig und kostbar; daher die Veränderung um obiges zu erhalten, mit den Getrieben getroffen werden muß. Zwar läßt sich die Veränderung mit den Getrieben nicht so accurat treffen, daß man die Cirkel immer von gleicher Größe erhalten kann; doch aber kann sie in dieser, zur Norm angenommenen Mühle auf folgende Art am zweckmäßigsten getroffen werden: wenn die Pellsteine ihren Diameter bis 5 Fuß 6 Zoll abgelaufen, werden auf die Steine Getriebe von 21 Stöcken gesetzt — wenn sie bis auf 5 Fuß 3 Zoll abgelaufen sind, wird auf die aufstehende Welle ein Getriebe von 35 Stöcken gesetzt — wenn sie nur 5 Fuß noch haben, auf die aufstehende Welle das vorige Getriebe mit 36 Stöcken, und auf die Steine Getriebe von 19 Stöcken gesetzt — wenn sie nur 4 Fuß 6 Zoll im Diameter halten, wird das Getriebe von 35 Stöcken wieder auf die aufstehende Walze, und auf die Pellsteine werden Getriebe von 18 Stöcken gesetzt — wenn aber die Pellsteine ihren Diameter bis auf 4 Fuß 3 Zoll abgelaufen haben, sind sie in großen Windmühlen nicht mehr brauchbar, und müssen daher abgesetzt werden.

Ein Pellstein
von 6 Fuß soll gegen die Ruthe 12 $\tfrac{4}{7}$ M. rund gehen. Nach obiger Veränd. geht er 13 M.
— 5 — 6 Zoll — — 13 $\tfrac{4}{7}$ M. — — — — — 13 $\tfrac{4}{7}$.
— 5 — 3 Zoll — — 14 $\tfrac{4}{7}$ M. — — — — — 14.
— 5 — — — 15 $\tfrac{4}{7}$ M. — — — — — 15 x r.
— 4 — 6 Zoll — — 16 $\tfrac{4}{7}$ M. — — — — — 16 $\tfrac{4}{7}$.

Von Mehlsteinen.

Ein Mehlstein von 5 Fuß 3 Zoll im Diameter, sollte nach Regel des Pellsteins, wenn die Ruthe von 76 Fuß ihren Zirkel einmal durchstreicht, den Seinigen 14 $\tfrac{4}{5}$ Mal durchlaufen. Aus Erfahrung ist einem aber bekannt, daß ein Mehlstein von erwähnter Größe, zum Mehlmahlen guten Lauf geht, wenn er in 3 Secunden 4 mal rund läuft. Wenn ein Mehlstein schneller läuft, ist es von keinem Nutzen; und wenn er nicht geschwinder gehen soll, so würden die Ruthen bey nämlicher Einrichtung wie bey den Pellsteinen, ihren Cirkel nur in 10 $\tfrac{1}{2}$ Secunde beschließen müssen. Dies wäre für die Ruthen ein allzulangsamer Lauf, weil sie fast eine eben so schwere Last, als zum Pellen, treiben sollen; daher so eingerichtet, stärkerer Wind erfordert würde, als bey einer anderweitigen Einrichtung, welche nachher bey den Wind-Mehlmühlen erörtert werden soll; wornach Ruthen von 76 Fuß ihren Cirkel zum Mehlmahlen, in 4 Secunden beschließen müssen. Also

Also muß in der mehrerwähnten Mühle, die 76füßige Ruthen führt, ein Kammrad von 73 Kämmen, ein Getriebe der aufstrebenden Welle von 36 Stöcken, und ein Stirnrad von 141 Kämmen hat, das Getriebe des Mehlsteins 36 Stöcke haben.

Von Brechsteinen.

In der vorgedachten Mühle, wird ein Brechstein von 4 Fuß 6 Zoll im Diameter gelegt. Dieser geht zum Grützbrechen einen guten Lauf, wenn er in 3 Sekunden seinen Cirkel 5 Mal beschließt. Sollte ein solcher Brechstein, mit Ruthen von 76 Fuß, in gleicher Zeit, einen Cirkel von gleicher Größe machen; so müßte er, gegen des einmaligen Cirkels Beschließung der Ruthen, den Seinigen 16⅔ Mal durchlaufen, und so würden die Ruthen, nach dieser Einrichtung, ihren Cirkel zum Grützbrechen in 9¼ Secunde durchwandern. Weil aber bey dem Grützbrechen die großen Sichten und Weyhers für Schnuren gehen, die bey so wenigem Lauf, die Friktion der Hebel der Last ansehnlich vermehren; wird die Einrichtung lieber so gemacht, daß die Ruthen zum Grützbrechen ihren Cirkel ungefähr in 8¼ Sekunde beschließen; dies geschiehet, wenn in beregter Mühle auf den Brechstein ein Getreibe von 20 Stöcken gesetzt wird.

Von Grützsichten.

Sichten zu einem Brechstein von 4 Fuß 6 Zoll, werden 10 Fuß lang und 2 Fuß breit, und zu einem Stein von 4 Fuß, ungefähr 8 Fuß lang und 1¾ breit gemacht.

Der Wrangelstang muß 1½ Zoll Schwung haben, damit er die Sichten, welche auf einander befestiget, und in 4 Stricken, von 3 Quartier Länge hangen, 2¼ Zoll hin und her ziehet.

Zur Grützsichte gehören ordinair 4 Sichten, die unter einander gesetzt werden. Durch das oberste Sieb fällt die grobe Grütze, durch das andere die Mittelgrütze, durch das dritte die feine Grütze, und durchs vierte und unterste, welches von Haartuch, das Mehl.

Einige haben die Sichten von Eisendrath in 4kantigen Löchern gewebt. Kann man den Drath halb rund haben, und die Sichten davon so gemacht werden, daß die runde Seite immer nach unten zu kommt, damit die Löcher unten weiter als oben, sind diese Art Sichten die dauerhaftesten und besten. Werden sie aber von ganz rundem Eisendrath gewebt; so werden die Löcher oben und unten weiter als in der Mitte, und setzt sich also die Grütze darin, daß sie zuletzt ganz dichte werden können, daher letztere Sorte gar nicht dienlich sind. Hier zu Lande sind die, von zubereiteten Kalbsfellen,

die

die gebräuchlichsten; worin runde Löcher in beliebiger Größe gehauen werden, und so die Felle, nachdem sie gehauen, naß gemacht und auf die Eichtstangen geschlagen; da sie denn beständig stramm bleiben. Bey dem Hauen der Felle werden die Löcher auf der obersten Seite, von dem Haupleb ein wenig größer als auf der untersten, wesfalls auf den Eichten letztere Seite nach oben gekehrt wird, damit die Grütze, so in die Löcher gehet, desto leichter durchfällt. Die Haupleben, welche von einem ganzen Stück Stahl gemacht, und worinn die Löcher nach beliebiger Größe ausgebreitet werden, sind die besten. Diese Gattung ist unverbesserlich bey dem Mechanikus, Herrn Christian Lassen in Sonderburg zu haben.

Die obgedachte Graupenmühle ist auf der Taf. III. zu sehen, und kommt am hiesigen Orte zu stehen, wie folget:

1) Zimmer und Mühlsteine.

	Rchlr.	Mk.	ß.
8 Balken von 53 Fuß länge, 15 Zoll □ à Stück 26r. —	208	—	—
Zum untersten Tastement 136 Fuß Balken, 15 Zoll □ à Fuß 1 Mk. 8 ß.	68	—	—
Die Balken unter der Mahlsahle mit Bändern und Schlagbalken, ohngefähr 250 Fuß, in □ 14 Zoll, à Fuß 2 Mk. 6 ß. —	114	1	12
Zu Balken und Bändern unter dem Stirnrad 154 Fuß, 12 Zoll in □, à Fuß 1 Mk. 4 ß. —	64	—	8
Zu Balken und Bändern unter dem stillen Boden, 136 Fuß, in □ 11 Zoll, à Fuß 1 Mk. 2 ß. —	51	—	—
Zu den obersten Balken und Bändern 120 Fuß, in □, 10 Zoll, à Fuß 1 Mk.	40	—	—
Das oberste Tastement 72 Fuß, in □, 10 Zoll, à Fuß 1 Mk.	24	—	—
Der Kroyküp von Eichenholz mit Klotzen. —	10	—	—
Der Kroyring	8	—	—
Die zwey Wasserleisten 44 Fuß, in □ 15 Zoll, von Eichenholz	30	—	—
Halsblock 13 Fuß lang, 3 Fuß in □, von Eichen.	23	—	—
Das große Spred von 44 Fuß in □ 14 Zoll, à Fuß 1 Mk. 6 ß.	20	—	8
Das kleine Spred, 26 Fuß in □, 12 Zoll, à Fuß 1 Mk. 4 ß.	10	2	8
Der Mühlensterbe, 38 Fuß in □, 14 Zoll, à Fuß 1 Mk. 6 ß.	17	1	4
Die langen Schorren 84 Fuß, in □, 8 Zoll, à St. 15 Mk.	10	—	—
Die kleinen Schorren 56 Fuß, in □, 8 Zoll, à St. 7 Mk. 8 ß.	5	—	—
Die Walze von Eichenholz, 25 Fuß lang, und 3 Fuß in □	80	—	—
Latus	784	—	8

	Rthlr.	Mk.	ß.
Transp.	784	—	8
Eine Ruthe 76 Fuß lang, ungefähr 43 Rthlr. also für beyde	86	—	—
Ein Kammrad von Eichenholz	30	—	—
Die aufstehende Welle von 2 Fuß in □, und 24 Fuß lang, von Eichenholz	50	—	—
Der Bunkel der aufstehenden Welle von Eichenholz	10	—	—
Das Stirnrad mit eisernen Schrauben, ungefähr	45	—	—
Beyde Pellspillen 32 Fuß lang, in □ 1 Fuß, à Fuß 1 Mk. 4 ß.	13	1	—
Beyde Getreiben	6	—	—
Mehl- und Brechstein-Spillen, 56 Fuß lang, in □ 10 Zoll, à Fuß, 1 Mk. 2 ß.	21	—	—
Ein achtzehner Mehlstein	120	—	—
Ein 16ner Unterstein	100	—	—
2 Pellsteine von 6 Fuß, à 26 Rthlr.	52	—	—
2 Untersteine mit hölzernen Schlengeln, à Tonne	20	—	—
Ober- und Unterbrechstein	140	—	—
Grützsichte mit eisernen Sieben	20	—	—
Gerstenmehl-Sichte	14	—	—
Balken und Bänder, unterm halben Boden, nebst Unterlage, der Mehl- und Brechsteine, 209 Fuß, à 13 ß.	56	1	13
Balken zu dem untersten Boden, 10 Stück 30jüßige, 10 Zoll in □, à St. 5r	50	—	—
Zu Unterlagen der Pellsteine und ihrer Stechen, ungefähr 163 Fuß Balken, die 12 Zoll in □ halten, à Fuß 14 ß.	46	2	—
Zu Kreutzbänden auf Aufläufers, 7 oder 8zollige, 16.llige Norwegische Balken, 20 Stück, à Stück 7 Mk. 8 ß.	50	—	—
Zu Zwickstellbalken, Schoor und Mantchen, nimmt man 24 Stück 16.llige, 7 und 8zöllige Norwegische Balken, (da denn aus jedem ein Zwickstellbalken, Schoor und Mantchen gemacht werden kann,) à Stück 7 Mk. 8 ß.	60	—	—
Zimmer und Mühlsteine, also für	1774	2	5

2) Eisen-

2) Eiſenzeug.

	Rthlr.	Mk.	ß.
Ein eiſern Pell- Spill- Zapfen- Klüver, und ein Spoor, wiegt ungefähr 10 lpf., beyde alſo — — 20 lpf			
Mehl- Spill- Zapfen- Klüver und Spoor — — 9 lpf.			
Brechſteinſpill, dito — — — 8 lpf.			
37 lpf.			
Das lpfund zu 14 Pf. gerechnet, koſtet 7 Mk., alſo obige 37 lpf. à 7 Mk. — — — — — —	86	1	
4 Riemen, à Stück 10ner — — — —	40		
Splint- Bänder der Walze und der Ruthen, 15 lpf. à 7 Mk.	35	—	
Schlingen und Schraubenbänder, 15 lpf. à 7 Mk. —	35	—	
Der Wellzapf — — — — 6 lpf.			
Die Ringen — — — — 4 —			
zuſammen 10 lpf. à 7 Mk	23	1	—
Die beyden Kronzapfen der auffſtehenden Welle, 12 lpf. à 7 Mk.	28	—	
Annoch eiſerne Bänder, Anker, Bolten und Nägel —	182	—	—
An Eiſenzeug für	429	2	—

3) Bretter, Dach und ſonſtige Ausgaben.

	Rthlr.	Mk.	ß.
Von der Grundlage bis an die Zwickſtellung, wird gemeiniglich mit Brettern bekleidet. Auf obgedachte Mühle macht dies 21 Fuß aus, und dazu ungefähr 21 ½ zwölfter, 16füßige Bretter, à zwölfter, 11 Mk. 8 ß.	82	1	4
Zu Zwickſtellungsböden und Gallerie, 6 zwölfter 12füßige Bretter, à 10 Mk. 8 ß. — — — 21 r.			
und 6 zwölfter geilige Bretter, à 11 Mk. 8 ß. — 23 r.	44	—	
Zu dem unterſten und halben Boden: 8 zw. 6ellige Bretter, à 10 Mk. 8 ß. — — —	28	—	
Zu den Mehlsahls-Boden 3 zwölfter 6ellige, à zwölfter 10 Mk. 8 ß.	17	1	8
Zu dem Boden des Stirnrads, 4 zwölfter, à 10 Mk. 8 ß. —	14	—	
Zum ſtillen Boden: 3 zwölfter dito, à 10 Mk. 8 ß. —	10	1	8
Zum oberſten Boden: 2 ½ zwölfter dito, à 10 Mk. 8 ß. —	8	2	4
Zum Backen- Weyher und Sichtkaſten: 10 zwölfter, à 10 Mk. 8 ß.	35	—	
Latus	240	—	8

40

	Rthlr.	Mk.	ß.
Transp.	240	—	8
Für Dach, Dachschnuren, und selbiges aufzulegen und zu binden	200	—	—
Zum Transport der Materialien und für andere unvermuthete Ausgaben	200	—	—
Für Bretter, Dach und sonstige Ausgaben, zusammen	640	—	8

4) Latten, Mauer- und Grundsteine.

	Rthlr.	Mk.	ß.
330 Stück 18ellige Steinlatten, à Hundert 8r.	18	1	2
Zimmer und Latten der Kappe	30	—	—
Gehauene Steine zu der Grundlage, 130 Ellen, à 1 Mk.	43	1	—
und 7000 Mauersteine, à Tausend 14 Mk.	32	2	—
Also für Latten, Mauer und Grundsteine	124	1	2

Eine solche Mühle können 8 Zimmerleute in einer Zeit von 5 Monaten aufbauen, wenn die Materialien auf dem Bauplatz alle bereit sind; und an Tagelohn nehmen sie anjetzt hieselbst, wie folget:
Der Meister à Tag — 2 Mk. —
Der Meistergeselle — 1 Mk. 8 ß.
Die 6 andern Gesellen, à Tag 1 Mk. 6 ß.
Also für 126 Werkeltage, à Tag 9 Mk. 8 ß. — 399 | — | —
Jede Person die Woche an Kostgeld 2 Mk. 8 ß. also in 21 Wochen für 8 Personen — — — 140 | — | —

Zimmerleute, Arbeitslohn, also | 539 | — | —

Recapitulation.

	Rthlr.	Mk.	ß.
1) Für Zimmer und Mühlsteine überhaupt	1774	2	5
2) — Eisenzeug	429	2	—
3) — Bretter, Dach und sonstige Ausgaben	640	—	8
4) — Latten, Mauer- und Grundsteine	124	1	2
5) — Arbeitslohn der Zimmerleute	539	—	—
Summa	3507	2	15

Von

Von Wind-Mehlmühlen.

Die besten und einfachsten Mehlmühlen sind die sogenannten Bockmühlen. Wenn eine Bockmühle einen 18ner Mehlstein haben soll, muß selbige so hoch gebauet werden, daß die Ruthen dazu 50 bis 70 Fuß lang seyn können.

Auf einer Mehlmühle, die 50 Fuß Ruthen führt, kann ganz gut Mehl gemahlen werden, doch ist eine solche Mühle von 70 Fuß Ruthen viel besser, weil sie vor dem Winde viel ebener läuft, und daher auch auf dieser mehr als auf jener in gleicher Zeit gemahlen werden kann.

Wie eine Bockmühle gebauet werden soll, um nach ihrer Höhe eine verhältnißmäßige Dicke zu erhalten, ist auf Taf. IV. zu sehen.

In einer Bockmühle, die 70 Fuß Ruthen, und einen Mehlstein von 5 Fuß 3 Zoll im Diameter führt, muß der Stein, um mit den Ruthen in gleicher Zeit gleichen Zirkel zu machen, $13\frac{1}{7}$ mal umlaufen, wenn die Ruthen es nur einmal thun.

Da das Mahlen des Weitzens und Roggens, wenn es was beschaffen soll, fast Vollwind erfordert, und zum Pellen der Wind 70füßige Ruthen in weniger als 3 Sekunden rund treibt; da hingegen die Ruthen nach obiger Einrichtung zum Mehlmahlen, wenn der Stein seinen gehörigen Lauf halten soll, ungefähr 9 Sekunden brauchen: so geht eine Mühle leichter, wenn die Ruthen schneller umlaufen, wobey das Getriebe des Steins größer gemacht werden kann; und da obiges Mehlmahlen fast eben so starken Wind, als zum Pellen gehörig, erfordert: so weiß man, daß der Wind den geschwinden Lauf treiben kann, ohne daß die Mühle deßfalls schwerer gehen sollte.

Weil man aber einem Mehlstein, nachdem der Wind wehet, mehr oder weniger Korn geben kann, auch andere Kornarten nicht so schwer zu mahlen sind: so wird die Einrichtung getroffen, daß wenn der Mehlstein guten Lauf gehet, die Ruthen alsdann ihren Zirkel in 6 Sekunden beschließen.

Ein Mehlstein von 5 Fuß 3 Zoll im Diameter, geht starken Lauf, wenn er in 3 Secunden 4mal rund läuft, folglich muß ein solcher Stein gegen Ruthen von 70 Fuß 8mal umlaufen.

Satz, wornach der Lauf eines 18ner Mehlsteins gegen die Länge der Mühlenruthen zu bestimmen.

Eine Wind-Mehlmühle so einzurichten, daß ein 18ner Mehlstein von 5 Fuß 3 Zoll im Diameter seinen, als auch die Ruthen nach ihrer Länge den gehörigen Lauf

erhalten, damit die Mühle am leichtesten vom Winde getrieben werde, darüber kann folgendes als Regel angenommen werden:

Ein Mehlstein von 5 Fuß 3 Zoll soll gegen Ruthen von 70 Fuß 8mal rund laufen.
— 65 — 7 — — —
— 60 — 6 — — —
— 55 — 5 — — —
— 50 — 4 — — —

In einer Bockmühle die 70 Fuß Ruthen führt, wird ein Kammrad von 73 Kämmen, 5 Zoll Abtheilung, und auf den Mehlstein ein Getreibe von 9 Stöcken gesetzt. Eine solche Mühle wird nur von zwern Hebeln, nämlich: einem der Kraft und einem der Last bewegt, daher auch die Friktion nicht so stark ist, als wenn ein Mehlstein für ein Stirnrad laufen sollte, und gehen mithin diese Art Mühlen leichter zum Mehlmahlen als Graupenmühlen.

Wie stark der Wind seyn muß, um mahlen zu können.

Wenn eine Mühle, die Ruthen von 76 Fuß länge hat, und 2 Pellsteine, welche à Stück im Diameter 6 Fuß sind, und eine andere, die 60 Fuß Ruthen und 2 Pellsteine, welche à Stück im Diameter 5 Fuß, führet, von obbeschriebener Einrichtung, für volle Segel gut pellen sollen; so muß der Wind so stark wehen, daß selbiger mit 1 Fußes Größe Quadratfläche (welche mit Seilen, ohne sonst etwas zu berühren, frey in die Luft aufgehangen:) und mit einer Schnur über eine Rolle ⅛ Pf. Gewicht gut heben kann.

Wenn erst gedachte Mühle einen igner, und letztere einen sogenannten Rheinischen Jungfern-Mehlstein führet, und für volle Segel gut Malz mahlen soll, muß der Wind so stark seyn, daß mit obiger Fläche ein Gewicht von 7 bis 8 loth, und wenn Weitzen oder Roggen zu mahlen, ein Gewicht von 16 bis 20 loth gehoben werden kann.

Und wenn ferner erst beregte Mühle einen Brechstein von 4 Fuß 6 Zoll, und letztere einen dito von 4 Fuß in Diameter führet, beyde aber für volle Segel Grütz brechen sollen, muß der Wind mit obiger Fläche ein Gewicht von 5 bis 6 loth heben können.

Wobey es sich jedoch von selbsten verstehe, daß die Mühlen ganz freyen Wind haben müssen.

Wie eine Windwage gemacht wird, ist auf der Taf. I. Fig. 12. zu sehen.

Eine Bockmühle von 70 Fuß Ruthen, ist auf Taf. IV. zu sehen, und kommt am hiesigen Orte zu stehen, wie folget: 1) Zim-

43

1) Zimmer.

	Rthlr.	Mk.	ß.
Der eichene Suhl, der die Mühle tragen soll, ist 22 Fuß lang, 2 Fuß im □ — — —	70	—	—
Das Kreuß unter dem Suhl von eichenen Holz, jedes Stück 24 Fuß lang in □ 15 Zoll, à Stück 30 Rthlr. —	60	—	—
Die 4 Knien des Fußes, à Stück 14 Fuß, also 56 Fuß Eichenholz, in □ 1 Fuß — — —	50	—	—
Eichen Zimmer zu dem ersten Sattel — — —	30	—	—
Die zwey Stück eichne Balken, worinn der oberste Sattel fest sitzet, à Stück 17 Fuß lang, in □ 15 Zoll, à Stück 18 Rthlr. —	36	—	—
Das Mehlblock von Eichenholz, 15 Fuß lang, 2 Fuß in □ —	55	—	—
Die Mühlenwalze von Eichenholz, 20 Fuß lang, 2 Fuß in □ —	65	—	—
Das Halsblock von Eichenholz, 15 Fuß lang, in □ 2 Fuß —	55	—	—
200 Ellen gute föhrene Balken, in □ 12 Zoll, à Elle 1 Mk. 12 ß.	116	2	—
76 Ellen der besten föhrenen Balken, in □ 14 Zoll —	70	—	—
90 Ellen dito, in □ 8 Zoll, à Elle 12 ß. — —	22	1	8
Die 4 Stück krumme eichene Sparren der Kappe —	12	—	—
Das kleine Holz der Kappe — — —	10	—	—
Eine Mühlenruthe von 70 Fuß, 38 Rthlr. also zwey —	76	—	—
Der Mühlensterbt, ein Balken von 18 Ellen, in □ 10 Zoll, à Elle 1 Mk. 8 ß. — — —	9	—	—
Das Kammrad — — —	30	—	—
Der Fang — — —	15	—	—
Das Getreibe — — —	3	—	—
Für Zimmer also	785	—	8

2) Bretter.

	Rthlr.	Mk.	ß.
Zum Bekleiden 14 zwölfter 6 ellige Bretter, à zwölfter 10 Mk. 8 ß.	49	—	—
2 zwölfter 6 ellige, à 11 Mk. 8 ß. — —	7	2	—
Zu dem Boden 4 zwölfter 8 ellige, à 11 Mk. —	14	2	—
Für Bretter also	71	1	—

F 2

3) Ei=

3) **Eisenzeug.**

	Rthlr.	Mk.	ß.
Die Spllntbänder der Walze, 10 Lpf. à 7 Mk. — —	23	1	—
Die Gahllngen im Halse, mit Schrauben, Bändern, 13 Lpf. à Lpf. 7 Mk. — — — — —	30	1	—
Der Zapfen mit Ringen, 7 Lpf. à 7 Mk. — — —	16	1	
Die Spille und Klüver, 12 Lpf. à 7 Mk. — —	28	—	—
Annoch an Ankern, Bolten und Nägeln — —	60	—	—
Für Eisenzeug also	158	—	—
Für Zimmer — — — — —	785	—	8
Für Bretter — — — — —	71	1	
Für Eisenzeug — — — — —	158	—	—
2 Stück 18ner rheinische Steine — — —	220	—	—
Grundlage und Transport der Materialien — —	100	—	—
Zimmer- Arbeits- Lohn — — —	200	—	—
Summa	1534	1	8

Vom Wassermühlenbau.

Die von einer höchstpreislichen Landhaushaltungs- Gesellschaft zu Kopenhagen gethane Aufgabe, als 8te Frage, war folgende:

Als ein wesentliches Stück muß in der Abhandlung gezeigt werden, wie der Fall eines Stroms auf eine lange Distance abzumessen, und wie eine Dämmung fürs Wasser zu machen. Darnach muß gezeigt werden, wie eine Schleusse in einer neuen Dämmung zu bauen, und wie eine alte zu repariren sey. Hiezu kann ein oder anderes Beyspiel genommen, und über die Schleusse ein spezieller Ueberschlag und eine Zeichnung gemacht werden.

Wie der Fall eines Stroms auf eine lange Distance gemessen werden kann, ist auf Taf. I. Fig. 19. zu sehen.

c. stellt eine Wasserquelle vor, die nach f hinfließt; um diesen Fall zu messen und zu erfahren, wie hoch das Wasser in f. steigen werde, dient folgender ganz accurater Aufschluß.

Von c. der Quelle oder dem höchsten Ort des Flusses, gehet man 100 bis 120 Schritte, oder so weit als sich genau besehen läßt, mit dem Strom hinunter, und setzt da in selbigen eine Stange, die in Fig. 19. mit d. gezeichnet.

In

In der Mitte zwischen c. und d. wird auch eine Stange eingesetzt, auf welche ein gerader Stock von 6 Fuß mit einem Nagel in der Mitte so zu befestigen, daß er sich mit den Enden auf und nieder bewegen läßt; diese Stange mit Stock ist Fig. 19. mit Litt. b. gezeichnet. Der Stock wird gerade nach Wassermaas gedrehet, das ist: ganz genau horizontal, sodann siehet man gerade von dem Stock aus, nach der Stange in c. und d., und zeichnet diese Horizontallinie auf gedachte Stange in c. und d. Hiernächst wird die Höhe vom Wasser bis an den Strich auf der Stange in c. und d. gemessen, wenn nun ersteres von letzterm gezogen; so ist auf diese Distance der accurate Fall übrig.

Auf gleiche Weise wird der Fall zwischen d. e. und f. gemessen; dann werden die Wasserfälle einer jeden Distance zusammen addirt, und so siehet man ganz genau, wie hoch das Wasser in f. steigen kann. Der Stock, welcher nach Wassermaas gelegt, und wornach die Horizontallinie auf die Stangen gezeichnet wird, muß immer in der Mitte zwischen den Stangen gesetzt werden: denn würde bey der Quelle ein Stock horizontal gelegt, und man sähe von selbigem aus, eine Viertelmeile den Strom hinunter, um die Linie zu zeichnen, so würde das Wasser auf eines Fußes Nähe nicht so hoch steigen können, weil die Horizontallinie sich wegen der Rundung unsers Erdballs auf jeden Schritt verändert.

Wie ein Damm vor dem Strom gemacht werden soll.

Ist die Quelle reichhaltig genug, um ohne mehrern Zufluß die Mühle treiben zu können: so wird vor dem Strom an einem Orte ein Damm gemacht, an welchem eine Mühle gut stehen, und die Dämmung der Kosten wegen am kürzesten seyn kann. Ist die Quelle aber nur schwach; so ist es besser, einen großen Mühlenteich zu haben, damit auf den Winter mehr Wasser aufbewahrt; jedoch ist dabey hinzusehen, daß dadurch nicht gutes Acker- oder Wiesenland unter Wasser gesetzt werde. Auf Wiesenland thut zwar das Wasser im Winter keinen Schaden, wenn es anfangs May wieder abgelassen werden kann.

Wie ein Damm vor dem Wasser zu machen.

Sind Feldsteine zu haben, so wird gegen das Wasser in der Dämmung ein Steinwall aufgeführt, wohinter Thon, eines Fußes dick, gelegt, damit das Wasser nicht durchzubringen vermag. Die Breite der Dämmung wird nach ihrer Höhe gemacht.

Sind aber keine Feldsteine zu haben, und also die Dämmung blos mit Erde aufzuführen; so muß selbige gegen das Wasser ganz flach seyn, weil sie sich sonst nicht dagegen halten kann. Eine solche Dämmung erfordert ⅓ mehr Erde, als eine, worin ein Steinwall oder hölzernes Bollwerk gegen das Wasser aufgeführt worden.

Eine Dämmung wird zur Dauer mit Bäumen, die stark Wurzel schlagen, als Eschen, Lobel ꝛc. bepflanzt; doch müssen sie zu gehörigen Zeiten geköpft werden, auf daß sie nicht vom starken Sturm umgeworfen und so mit ihren Wurzeln der Dämmung Schaden zufügen. Ein Damm muß einige Fuß höher, als das Wasser stehen soll, aufgeführt werden, weil ein neuer Damm immer etwas zusammen sinkt, und sonst auch das Wasser bey starkem Winde darauf hinschlägt, wovon er zuletzt Schaden nimmt.

Wo in den Damm eine Schleuße zu setzen.

Eine Schleuße wird wie auf Taf. I. Fig. 18. zu sehen, ohngefähr 8 Fuß von der Kante der Dämmung und von der Wasserseite ab, in selbige eingesetzt, damit, wenn die Schleuße reparirt werden soll, außen vor derselben, wie auf erwähnter Fig. zu sehen, zwischen d. und e. Bretter eingesetzt werden können. Außen vor den Brettern wird, um dicht zu halten, Pferdemist hineingeworfen. Wenn eine Schleuße so in den Damm gesetzt, braucht man wegen Reparation derselben, das Wasser nicht aus dem Teich zu lassen, oder außen vor derselben einen Damm aufzuwerfen. Von der Schleuße bis ans Wasser, muß die Dämmung mit gehauenen Steinen, oder hölzernem Bollwerk versehen seyn.

Wie eine Schleuße zu machen.

Die Schleuße wird auf eingerammten Pfählen fest gezimmert, und zu den Seiten und unter derselben, mit blauem Thon, gut versehen. Eine Schleuße mit 2 Schurten ist auf Taf. I. Fig. 16. zu sehen, und den Profil durch dem Damm zeigt die Fig. 17. Die Kosten einer Schleuße lassen sich nicht genau bestimmen, weil es hauptsächlich auf den Grund, wo sie stehen und auf die Höhe vom Wasser, das sie abhalten soll, ankommt. Sie kann 60 bis 100 Rthlr. und darüber kosten, je nachdem der Ort, wo sie stehen soll, beschaffen ist.

Zu Pfählen unter einer Schleuße ist Büchen- oder Ellernholz das beste, weil es im Wasser nicht vergehet, sondern auf die länge steinartig wird.

Wassermühlen giebt es zweyerley, nämlich: solche, die von oberschlächtigen, und andere die von unterschlächtigen Wasserrädern getrieben werden.

Ein oberschlächtiges Wasserrad ist ein solches, wo das Wasser von oben herab auf selbiges fließt, und folglich durch seinen Druck und seine Schwere, umtreibet.

Ein

Ein unterschlächtiges Rad ist hingegen ein solches, wo das Wasser unten zuläuft, und nur allein durch seine Force das Rad umtreibt.

Ein oberschlächtiges Wasserrad hat aber vielmehr Kraft als ein unterschlächtiges, weil das Wasser außer dem Druck auch in das halbe Wasserrad mit seiner Schwere wirket; hingegen bey den unterschlächtigen hat das Wasser nicht mehr Kraft als was die Force desselben in die 3 untersten Schaufeln zuwegebringt, weshalb auch vielmehr Wasser dazu erfordert wird, eine Mühle mit einem unterschlächtigen Wasserrad zu treiben. Zwar kann man den unterschlächtigen Rädern nach Belieben mehr Höhe geben, wodurch Kraft gewonnen, aber an Zeit wieder etwas verlohren wird. Ein größeres Rad bleibt jedoch hier am vortheilhaftesten, wenn es nicht zu schwer gemacht und die inwendigen Räder so darnach eingerichtet werden, daß selbiges nach Verhältniß seiner Größe und der Geschwindigkeit des Stroms seinen verhältnißmäßigen Lauf erhält. Ein unterschlächtiges Wasserrad muß also nach dem schnellen Fluß des Stroms seinen Lauf führen und nicht zu langsam gehen, damit das Wasser sich nicht zu hoch vor den Schaufeln setzet, und dadurch die Force abgehalten, die das Wasser durch den egalen Fall behält; und da auch das Wasser, je höher es auf das Rad wirket, desto kürzern Hebel und mindere Kraft erhält: so ist es vortheilhafter, um einer Mühle mehr Kraft zu geben, das Wasserrad breiter zu machen.

Die Schaufeln in einem unterschlächtigen Wasserrad müssen mit dem Flur den rechten Winkel von 90 Graden gegen den Fall des Wassers halten, weil alsdann das Wasser seine größeste Kraft gegen selbiges äußern kann.

Mühlen, die von unterschlächtigen Rädern getrieben, können auf verschiedene Weise angelegt werden, als: bey schnell fließenden Strömen, (wie der Rheinstrom in Deutschland) und an großen Seen, bey denen man einige Füße Fall erhalten kann; und da das Wasser nach seinem verschiedenen Fall wirket, mithin auch sein Lauf und seine Wirkung verschieden ist: so läßt sich die Einrichtung nicht bestimmen. So wie man aber den Lauf der Mühlensteine weiß; so läßt sich auch leicht die Einrichtung so treffen, daß die Steine ihren gehörigen Lauf und das Wasserrad nach der Schnelle des Stroms den Seinigen erhält. In zweifelhaften Fällen indessen wird die erste Einrichtung so getroffen, daß man auf den Stein ein ziemlich großes Getreibe setzt, das in Fällen, wo selbiges nicht Lauf genug hat, mit einem kleinen verwechselt werden kann, weil dies nicht so kostbar ist, als wenn die Räder umgemacht werden sollen.

Bey einer Wassermühle, die von einem oberschlächtigen Wasserrad getrieben, wird eine Kumme übers Rad so gebauet, daß das Wasser aus der Kumme ins Rad fällt; so hat es eine viel größere Kraft, als wenn es durch einen Stiehl aufs Rad

Rad läuft; denn das Waſſer drücket noch einmal ſo ſtark gegen den Boden, als gegen eine perpendiculäre Seitenfläche; auch kann in erſterm Fall das Waſſer näher aus dem Teich gemahlen werden, als wenn es durch einen Stehl lauft, weil dieſer etwas Fall haben muß, wenn das Waſſer nicht anſehnlich von ſeiner Kraft verliehren ſoll. So hoch dieſer Fall iſt, kann auch entweder das Rad höher gemacht, oder mehr Waſſer aus dem Teich gemahlen werden.

Das Loch oder die Rinne, woraus das Waſſer aufs Rad fällt, muß etwas ſchmaler als das Rad ſelbſt ſeyn, damit das Waſſer nicht zu den Seiten überglieſſet. Wenn das Waſſer durch einen Stehl auf ein Waſſerrad lauffen ſoll; ſo muß es in der 2ten und 3ten Schaufel vom Mittelpunkt des Rades einfallen, auch der Guß ſo darnach eingerichtet werden, daß das Waſſer ſeine Kraft gegen die Peripherie des Rades wendet. Wenn man eine Kumme übers Rad hat, und das Waſſer ſo ſtark zuflieſſt, daß ſelbiges vom Mahlen nicht ſchwindet, ſo muß nach der Höhe des Waſſers auch ihr Druck berechnet werden, damit man ſelbiges in die Schaufeln des Rades einfallen laſſe, wo es die größeſte Kraft äuſſert, und bey den leer bleibenden Schaufeln nichts an Kraft verlohren werde. Wie eine Kumme über ein Waſſerrad gebauet werden ſoll, iſt Taf. 9. zu ſehen.

Die Berechnung des Drucks des Waſſers und ſeiner Wirkung in den Schaufeln des Rades, kann auf folgende Art gemacht werden: Geſetzt, das Waſſer ſteht in einer Kumme 5 Fuß hoch, und die Oeffnung, wodurch es fällt, iſt ein Quadratfuß groß, ein Cubicfuß Waſſer wiegt 64 Pf. und das Waſſer drückt noch einmal ſo ſtark gegen den Boden, als gegen eine perpendiculaire Seitenfläche; ſo drückt jeder Cubicfuß Waſſer mit einer Kraft von 21 $\frac{1}{3}$ Pf. gegen den Boden. Nun wird die Kraft ſo oft vermehrt, als Fuß Waſſerhöhe in obiger Kumme vorhanden; mithin hat jeder Cubicfuß Waſſer, der aus gedachter Kumme fällt, 106 Pf. Druck oder Kraft.

Das Waſſerrad faßt in dem erſten Schaufel vom perpendicularen Centrum des Rades 3 Cubicfuß Waſſer oder 192 Pf. In dem andern 2 $\frac{1}{2}$ Cubicfuß Waſſer oder 160 Pf. der halbe Diameter des Kammrades bis an den Abtheilungszirkel der Kämme iſt 4 Fuß oder 48 Zoll; die 192 Pf. liegen ohngefähr 11 Zoll vom Centrum des Rades, alſo iſt die Diſtance bis an die Kämme 4 $\frac{4}{11}$ mal weiter, folglich wirken obige 192 Pf. nach den Regeln der Mechanik auf das Kammrad mit 44 Pf. Kraft. Die 160 Pf. des andern Schaufels liegen 1 Fuß 10 Zoll vom Centrum, alſo iſt die Diſtance bis an das Kammrad 2 $\frac{2}{11}$ mal weiter, und folglich wirken dieſe 160 Pf. auf das Kammrad nur mit 73 $\frac{1}{3}$ Pf. Kraft. Der dritte Schaufel faßt zwey Cubicfuß

Waſſer

49

Waffer, oder 128 Pf. und ist vom Centrum 32 Zoll entfernt. Die Distance
bis an das Kammrad ist daher 1½ mal länger, worauf die 128 Pf. sonach mit
85 Pf. Kraft wirken.

Der erste Schaufel wirkt mit	—	—	—	44 Pf. Kraft.
Der andere	—	—	—	73½ —
Aufs Kammrad wirken beyde also	—	—	—	117½ Pf. Kraft
Der dritte wirkt	—	—	—	85 —
Diese davon ab, so würde man	—	—	—	32½ Pf. Kraft

verlieren, wenn die 2 ersten Schaufeln leer blieben, und das Waffer perpendiculair
aus der Kumme in den 3ten Schaufel einfiele; folglich erhellet hieraus, daß das Waffer
auf oft beregtes Rad zwischen dem zweyten und dritten Schaufel einfallen soll.

Von oberschlächtigen Wafferrädern.

Ein oberschlächtiges Wafferrad muß mit den Schaufeln so eingerichtet seyn, daß
es das Waffer so äußerlich als möglich in sich faße, und dabey auch die Schaufeln
durch den Einsturz des Waffers gleich gefüllt werden können.

Wie ein Wafferrad gemacht, und wie die Schaufeln darinn gesetzt werden, ist
auf Taf. II. Fig. 9. zu sehen.

Zur Ersparung des Waffers finde ich es sehr dienlich, die Krümmelsen des Rades einige Zolle höher als die Schaufeln zu machen; denn da die Schaufeln gleich gefüllt werden müssen, wenn nicht Kraft verlohren gehen soll; so dient solches zur Vor-
beugung der Uebergleffung zur Seite, bey dem Einsturz des Waffers. Sollten in-
deffen die Kümmelsen oder Welgen in dem gebrauchten Waffer schleppen; so kann
das, was über die Schaufeln geht, dünne abgehauen werden, da es alsdann keine
Hinderung macht.

Da ein oberschlächtiges Wafferrad durch die Schwere des Waffers getrieben
wird, und ein schwerer Körper in der ungehinderten Luft, in jeder Sekunde nur 15 1/12
Fuß durchfällt; so kann ein Wafferrad nicht schnell umlaufen. Die Erfahrung lehrt,
daß ein oberschlächtiges Wafferrad beym Pellen nicht über 7 Fuß in jeder Secunde
durchlaufen kann, weil es sonst keine gehörige Kraft hat, die Mühle und Steine mit
Korn zu treiben. Dies hat einer von meinen Anverwandten zu seinem Schaden erfahren, der die Räder in seiner Waffer-Graupenmühle so oft verändern mußte, bis
das Wafferrad ungefähr obigen Lauf erhielt. Zwar kann die Vielheit des Waffers
eine Ausnahme machen; denn gesetzt, zwey Mühlen haben Wafferräder von egaler

G Größe

Größe, und ihre Schwere sie zu treiben, nebst der Friktion, sey einander auch gleich; so können sie auch mit gleich vielem Wasser in Bewegung gesetzt werden; wird aber auf das Wasserrad der einen Mühle doppelt so viel Wasser, als auf das der andern gelassen, so muß jenes auch schneller wie dieses umlaufen, (wenn das Rad von der Beschaffenheit ist, daß es mehr als gewöhnlich Wasser in sich fasset,) denn wenn 10 Pf. einen Hebel zu Boden drücken können, wie natürlich also daß 20 Pf. es geschwinder thun. Wir machen aber die Einrichtung so, daß eine Mühle für das wenigste Wasser getrieben wird, und so realisirt die Erfahrung obigen Satz.

Von Wasser-Graupenmühlen.

An einem Strom, bey dem man 14 Fuß Fall kriegen, und das Wasser so ergiebig ist, daß es beständig durch eine Oefnung von 240 Quadratzoll laufen kann, ist eine Graupenmühle mit Vortheil anzulegen; denn alsdann kann sie die halbe Zeit, nämlich 12 von 24 Stunden, gebrauchet werden. Und in einer solchen Mühle, die ein Wasserrad von 14 Fuß Höhe und 6 Fuß Breite führet, können sicher zwey Pellsteine von 5 Fuß im Diameter gelegt werden.

Von der innern Einrichtung einer Wasser-Graupenmühle.

Bey einer Mühle, die vom Wasser getrieben, kommt es hauptsächlich darauf an, daß das Wasserrad nach dem verschiedenen Fall und der Menge des Wassers so schnell als möglich umlaufe; denn so wird der Hebel der Kraft länger und die Mühle geht leichter. Das Rad muß jedoch nicht geschwinder umlaufen, als daß das Wasser mit seiner Schwere annoch Kraft genug behält, außer dem Lauf des Rades auch die Mühle und Steine mit Korn zu treiben.

Vom Pellstein.

Sollte ein Wasserrad von 14 Fuß mit den Pellsteinen von 5 Fuß im Diameter, wie bey den Windmühlen bestimmt worden, in gleicher Zeit einen gleichen Cirkel machen; so müßte, da ein Pellstein von 5 Fuß im Diameter guten Lauf geht, wenn er in 1 Sekunde 5mal rund läuft, und also in jeder Sekunde 25 Fuß im Diameter macht, das Wasserrad, um in gleicher Zeit mit dem Pellstein gleichen Cirkel zu machen, in jeder Sekunde seinen Cirkel 1 $\frac{3}{4}$ mal rund laufen. Diesen schnellen Lauf kann das Wasser durch seine Schwere, wie vorhin gezeiget worden, nicht wirken.

Der Lauf eines oberschlächtigen Wasserrades, nach der verschiedenen Kornmahlung, ist vorhero bestimmt worden.

Einem Pellstein, nach einem oberschlächtigen Wasserrad, den rechten Lauf zu geben, wird auf folgende Art gemacht.

Erstlich wird die Peripherie des Rades gemessen, und die ausmachende Fußzahl desselben mit 7 dividirt, da denn die herauskommende Zahl zeigt, wie viele Sekunden ein Wasserrad zum Pellen seinen Cirkel zu durchlaufen braucht. Ein Pellstein von 5 Fuß läuft in 1 Sekunde 5 mal rund, und also wird die Zahl der Sekunden, in welchen das Rad umläuft, mit 5 multiplicirt, da man denn siehet, wie oft ein solcher Pellstein gegen das Wasserrad umlaufen soll.

Ein Pellstein von 6 Fuß im Diameter läuft zum Pellen seinen Cirkel in 1 Sekunde $4\frac{1}{6}$ mal durch, und also wird obige Zahl der Sekunden mit diesen $4\frac{1}{6}$ multiplicirt; so viel nun diese Zahl ausmacht, so oft muß ein Pellstein von 6 Fuß im Diameter gegen das Wasser umlaufen.

Ein Pellstein von 4 Fuß im Diameter läuft zum Pellen seinen Cirkel in einer Sekunde $6\frac{1}{4}$ mal durch; diese werden, wie gezeigt, mit der Zahl der Sekunden, die ein Wasserrad im Rundlaufen braucht, multiplicirt, da denn zu sehen, wie oft dieser Stein gegen das Wasserrad umläuft.

Ein Wasserrad von 14 Fuß im Diameter läuft zum Pellen in 6 Sekunden rund, die Pellsteine von 5 Fuß müssen in jeder Sekunde 5 mal umlaufen, folglich muß der Pellstein, wenn das obige Rad einmal umläuft, 30 mal rundlaufen.

In einer Mühle, die ein Wasserrad von 14 Fuß im Diameter führt, und Pellsteine von 5 Fuß im Diameter hat, wird um die Walze des Wasserrades ein Kammrad von 51 Kämmen, 3 Zoll Abtheilung, und auf die aufstehenden Walze ein Getriebe von 25 Stöcken gesetzt. In das Stirnrad der aufstehenden Welle, werden 162 Kämme, 3 Zoll Abtheilung, und auf dem Pellstein ein Getriebe von 11 Stöcken angebracht.

Die Kämme im kleinen Rade	51	Getr. St. der W.	25
Die Kämme im Stirnrade	162	Getr. des Steins	11
	102		25
	306		25
	51		275
	8262		

Die Zahl der Getriebestöcke, wird in die Zahl der Kämme dividirt, da dann 30 $\frac{12}{275}$ herauskommt.

Woraus zu ersehen, daß die Steine nach dem Wasserrad bey dieser Einrichtung den verlangten Lauf kriegen.

Zum Pellen läuft das Wasser aus dem Sieb oder der Rinne von 5 Fuß Breite, 6 bis 7 Zoll dick auf das Wasserrad.

Vom Mehlstein.

Von dem Mehlstein ist vorher berichtet worden, daß es bey demselben nicht so genau auf einen bestimmten Lauf ankömmt, wenn nur Kraft, selbigen eben zu treiben, vorhanden. Bey den Windmühlen, die einen langen Hebel der Kraft haben, auf welchen der Wind, ob sie langsam oder geschwind umlaufen, doch nach ihrer Stärke egal auf selbige wirken kann, haben wir den schnellesten Lauf eines Mehlsteins von 5 Fuß 3 Zoll bestimmt, nämlich: daß er in 3 Sekunden 4 mal rund läuft. Dahingegen hat eine Wassermühle nur einen kurzen Hebel der Kraft, und das Wasser kann also vermöge seiner Schwere, selbige nicht schnell umtreiben; und da auch das Wasser eine Mühle ganz eben beweget; so ist dahin zu sehen, daß ein Mehlstein den mittlern Lauf und das Wasserrad nicht geschwinder umlauft, als daß das Wasser durch seine Schwere Kraft genug behält, den Mehlstein zu treiben. Da ferner ein Mehlstein nicht so geschwind wie ein Pellstein umlaufen soll, ihre Last und Reibung einander aber fast gleich kommt; so gehet eine Mühle, die von einem oberschlächtigen Wasserrad getrieben, am leichtesten, und kann für das wenigste Wasser getrieben werden, wenn das Rad in jeder Sekunde 5 Fuß durchfällt oder läuft.

Um einem Mehlstein, nach der Größe eines oberschlächtigen Wasserrades, den rechten Lauf zu geben, dient folgende Auseinandersetzung: Erstlich wird die Peripherie des Rades gemessen, und die Fußzahl desselben mit 5 dividirt, da denn die herauskommende Zahl zeigt, wie viele Sekunden das Wasserrad zum Mehlmahlen einmal rund zu laufen braucht. Ein Mehlstein von 5 Fuß 3 Zoll im Diameter, soll demnächst nach vorberechnetem Lauf in einer Wassermühle, in jeder Sekunde, und folglich eben so oft gegen das Wasserrad umlaufen, als die Zahl der Sekunden beträgt, die das Rad nach obiger Berechnung im Rundlaufen bedarf. Ein Wasserrad von 14 Fuß im Diameter, (wenn man den Diameter gegen die Peripherie, wie 7 gegen 22 berechnet,) und 44 Fuß in Peripherie, wie oben gezeigt, mit 5 dividirt; so soll ein Mehlstein von 5 Fuß 3 Zoll im Diameter gegen ein Wasserrad von 14 Fuß, ohngefähr $8\frac{1}{7}$ mal umlaufen.

Der Mehlstein in einer solchen Mühle, die ein Wasserrad von 14 Fuß Höhe, ein Kammrad um die Walze von 51 Kämmen, ein Getriebe der aufstehenden Walze von 25 Stöcken, und ein Stirnrad von 162 Kämmen hat, muß sonach ein Getriebe von 40 Stöcken haben.

Zum

Zum Mehlmahlen läuft das Waſſer in vorerwähntem Siehl, von 5 Fuß Breite, 3 Zoll dick.

Vom Brechſtein.

Ein Brech- oder Grützſtein von 4 Fuß 6 Zoll im Diameter, ſoll nach Einrichtung der Windmühlen in 3 Sekunden 5 mal rund laufen. Aus den Gründen aber, die oben bey dem Mehlſtein erwähnt worden, wollen wir die Einrichtung bey den Waſſermühlen ſo treffen, daß ein Brechſtein von obiger Größe in 3 Sekunden 4 mal ſeinen Cirkel durchläuft. Ein Waſſerrad erhält zum Grützbrechen den nämlichen Lauf, als es zum Mehlmahlen braucht. Ein ſolches Rad von 14 Fuß Höhe geht alſo zum Grützbrechen in 9 Sekunden rund. Ein Brechſtein von 4 Fuß 6 Zoll, ſoll nach gedachter Einrichtung in 3 Sekunden 4 mal, und folglich gegen das Waſſerrad 12 mal umlaufen.

In beregter Mühle alſo, die ein Waſſerrad von 14 Fuß Höhe, um die Walze ein Kammrad von 51 Kämmen, ein Getriebe der aufſtehenden Welle von 25 Stöcken, und ein Stirnrad von 162 Kämmen hat, iſt auf dem Brechſtein von obgezeigter Größe, ein Getriebe von 27 Stöcken erforderlich.

Zum Grützbrechen läuft das Waſſer in dem Siehl von 5 Fuß Breite, ohngefähr 1½ Zoll dick.

Eine vollſtändige Waſſergraupenmühle, die 4 Gänge, nemlich 2 Peilſteine, einen Mehl- und einen Brechſtein hat, iſt auf Taf. V. zu ſehen, und kommt an dieſem Orte zu ſtehen, wie folget.

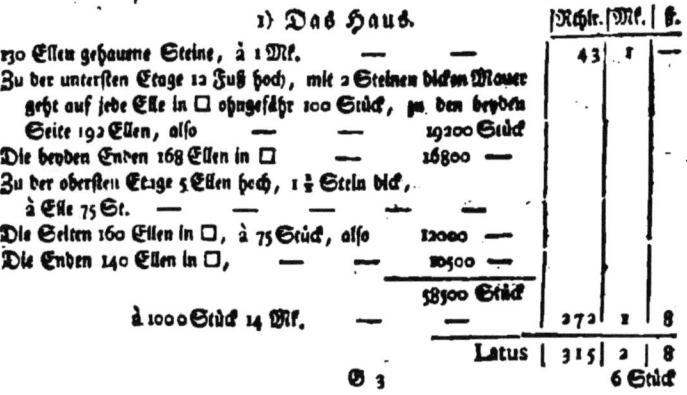

1) **Das Haus.**

	Rthlr.	Mf.	ß.
130 Ellen gehauene Steine, à 1 Mf. — —	43	1	—
Zu der unterſten Etage 12 Fuß hoch, mit 2 Steinen dicken Mauer geht auf jede Elle in □ ohngefähr 100 Stück, zu den beyden Seite 192 Ellen, alſo — — 19200 Stück			
Die beyden Enden 168 Ellen in □ — 16800			
Zu der oberſten Etage 5 Ellen hoch, 1½ Stein dick, à Elle 75 St. — — —			
Die Seiten 160 Ellen in □, à 75 Stück, alſo 12000 —			
Die Enden 140 Ellen in □, 10500 —			
58300 Stück			
à 1000 Stück 14 Mf. — —	272	1	8
Latus	315	2	8
	6 Stück		

	Rthlr.	Mk.	ß.
Transp.	315	2	8
6 Stück 16züllige Balken, in □ 12 Zoll, 9½ Ellen; à 14 Mk. —	28	—	—
10 Stück dito in □ 10 Zoll, 160 Ellen, à 1 Mk. 8 ß.	80	—	—
14 Stück Sparren, à 12 Ellen, à Stück 1 Rthlr.	14	—	—
200 Stück große Steinlatten, à Hundert 10 Rthlr.	20	—	—
1500 Stück große Lattnageln, à Hundert 1 Mk.	5	—	—
2250 Dachsteine, à Hundert 1 Rthlr. — — —	22	1	8
15 Tonnen Kalk, à Tonne 7 Mk. — —	35	—	—
Für Lehm und Sand — — —	20	—	—
Mauerlohn, à 1000 Mauersteine 2 Rthlr. —	120	—	—
Das Haus ungefähr	660	—	—

2) Bretter.

	Rthlr.	Mk.	ß.
Zu dem Mahlsahlboden 5¼ zwölfter 6ellige Bretter, à Zw. 10 Mk. 8 ß.	19	—	12
2 Zwölfter 8ellige Bretter, à Zw. 11 Mk. — —	7	1	—
Zu dem obersten Boden, 7 Zwölfter 6ellige, à Zw. 10 Mk. 8 ß.	24	1	8
Zu Werkzeug und Eichkisten, 4 Zwölfter 6ellige, à Zw. 10 Mk. 8 ß.	14	—	—
Für Bretter also	65	—	4

3) Zimmer.

	Rthlr.	Mk.	ß.
40 Ellen der besten föhrenen Balken, in □ 12 Zoll	30	—	—
8 Stück 1zöllige 20ellige Balken, à 16 Mk.	42	2	—
8 Stück 12ellige Sparren — —	8	—	—
Die Krumme über das Wasserrad von Eichenholz	150	—	—
Die Walze des Wasserrades von Eichenholz, 24 Fuß lang und 2 Fuß in □ — — — —	50	—	—
Das Kammrad — — —	30	—	—
Das Wasserrad — —	35	—	—
Die aufstehende Welle 15 Fuß, in □ 2 Fuß —	30	—	—
Der Bunkel der aufstehenden Welle	10	—	—
Das Stirnrad mit eisernen Schrauben	45	—	—
Die 4 Getriebe, jedes 3 Rthlr. —	12	—	—
Für Zimmer also	442	2	—

4) Eisen-

4) Eisenzeug.

	Rthlr.	Mgl.	ß.
Die beyden Zapfen der Walze des Wasserrads, mit Bändern, 14 Spf. à 7 Mgl.	32	2	—
Die beyden Zapfen der auffstehenden Welle, 12 Spf. à 7 Mgl.	28	—	—
Die beyden eisernen Pellspillen, mit Zapfen, Klüver und Spoor — 18 Spf.			
Mehlsteinspille, Klüver, Zapfen und Spoor — 9 —			
Brechstein, dito — 8 —			
Zusammen 35 Spf. à 7 Mgl.	81	2	—
4 Stück Rienen, à Stück 10 Rthlr.	40	—	—
Annoch eiserne Bolten, Ankern und Nägeln	60	—	—
Für Eisenwaaren also	242	1	—

5) Mühlsteine.

2 Peilsteine 5 Fuß im Diameter, à Stück 18 Rthlr.	36	—	—
Die Untersteine und Schlängels	20	—	—
Ein rheinisch 18ner Mühlstein	120	—	—
Unterstein 16ner, dito	100	—	—
Ober- und Unterbrechsteine	140	—	—
Mühlsteine also	416	—	—
Eisenwaaren	242	1	—
Zimmer	442	2	—
Bretter	65	—	4
Haus	660	—	—
Zimmerlohn mit Kostgeld	125	—	—
Zum Transport der Materialien und andere für kleine Ausgaben	130	—	—
Summa	2081	—	4

Zu obiger Summe kommen noch die Kosten der Dämmung, Schleuße und des Stießls bey einer neuen Anlage in Rechnung; weil selbige aber nach einem jeden Orte und jeder Lage verschieden, so läßt sich darüber kein genauer Ueberschlag machen.

Von Wasser-Mehlmühlen.

Bey einem Strom, bey welchem das Wasser 8 bis 9 Fuß Fall krieget, und so ergiebig ist, daß es beständig durch eine Oefnung von 100 Quadratzoll laufen kann, ist

ist eine Mühle mit Vortheil anzulegen, weil sie sodann in 24 Stunden 12 Stunden gebraucht werden kann.

Ein Wasserrad, welches im Diameter 8 Fuß hält, und einen Mehlstein von 5 Fuß 3 Zoll treiben soll, muß ohngefähr 4 Fuß Breite haben. Der Siehl wird 36 Zoll breit gemacht.

Das Wasser läuft in erwähntem Siehl zu Mehlmahlung ohngefähr 5¼ Zoll dick. Hiebey kann es jedoch nicht so genau bestimmt werden; denn wenn das Wasser 5 Fuß hoch vor dem Schurt des Siehls stehet, so läuft es schneller durch den Siehl, und hat also mehr Kraft, als wenn es nur 2 Fuß Höhe über den Schurt des Siehls hat. Die vorbenannte Dicke des Wassers in dem Siehl ist nach 3 Fuß Höhe vom Wasser, über beregten Siehl berechnet.

Ein Wasserrad von 8 Fuß im Diameter, hat eine Peripherie von 25 Fuß, und nach dem vorhin berechneten lauf eines oberschlächtigen Wasserrades zum Mehlmahlen, soll selbiges in 5 Sekunden rund laufen.

Ein Mehlstein von 5 Fuß 3 Zoll, soll nach vorangeführten Gründen, in einer Wassermühle, seinen Cirkel in jeder Sekunde beschliessen; folglich muß ein solcher Mehlstein in der nämlichen Zeit 5 mal rund laufen, in welcher ein oberschlächtiges Wasserrad von 8 Fuß im Diameter seinen Cirkel beschließt.

In einer Wassermehlmühle, die ein Wasserrad von 8 Fuß Höhe, und einen Mehlstein von 5 Fuß 3 Zoll im Diameter führet, wird um die Walze des Wasserrades ein Kammrad von 56 Kämmen, 5 Zoll Abtheilung, und unter dem Mehlsteine ein Getreibe von 12 Stöcken gesetzt.

Eine solche Wassermehlmühle mit einem Wasserrad von 8 Fuß im Diameter, ist auf Taf. VI. gezeichnet, und kommt alhier zu stehen, wie folget:

1) Das Haus.

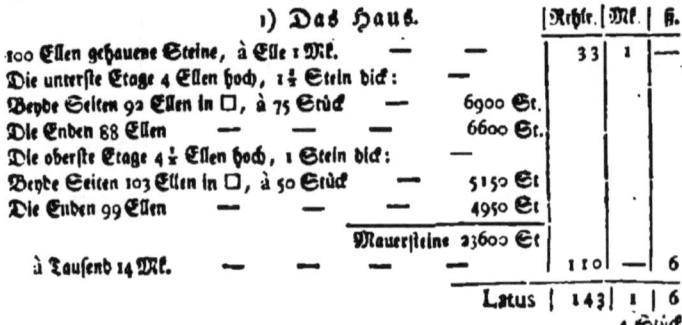

	Rthlr.	Mf.	ß.
100 Ellen gehauene Steine, à Elle 1 Mk. — —	33	1	—
Die unterste Etage 4 Ellen hoch, 1½ Stein dick: —			
Beyde Seiten 92 Ellen in □, à 75 Stück — 6900 St.			
Die Enden 68 Ellen — — — 6600 St.			
Die oberste Etage 4¼ Ellen hoch, 1 Stein dick: —			
Beyde Seiten 103 Ellen in □, à 50 Stück — 5150 St.			
Die Enden 99 Ellen — — — 4950 St.			
Mauersteine 23600 St.			
à Tausend 14 Mk. — — —	110	—	6
Latus	143	1	6
	4 Stück		

	Rthlr.	Mk.	ß.
Transp.	143	1	6
4 Stück 10 ellige Balken, in ☐ 10 Zoll, 40 Ellen, à 1 Mk. 8 ß.	20	—	—
4 Stück 10 ellige dito, in ☐ 8 Zoll, à Stück 7 Mk. 8 ß.	10	—	—
12 Stück gellige Sparren, à Stück 1 Mk. 10 ß.	6	1	8
50 Stück große Steinlatten	4	1	8
300 Stück große Lattnagel	1	—	—
1500 Dachsteine, à 1000 10 Rthlr.	15	—	—
12 Tonnen Kalk, à Tonne 7 Mk.	28	—	—
Für Lehm und Sand	13	—	—
4 Stück 12 ellige Riemen, à 1 Rthlr.	4	—	—
Mauerlohn	55	—	—
Das Haus also	303	1	6

2) Bretter.

	Rthlr.	Mk.	ß.
Zum Boden 6 Zwölfter 6 ellige Bretter, à 10 Mk. 8 ß.	21	—	—
Zum Rumpf, Schuß und Rüp des Seigns 2 Zwölfter	7	—	—
Für Bretter also	28	—	—

3) Zimmer.

	Rthlr.	Mk.	ß.
Die Rumme übers Wasserrad	70	—	—
Das Wasserrad von Eichenholz	25	—	—
Die Walze von Eichenholz, 13 Fuß lang, in ☐ 15 Zoll	20	—	—
Das Kammrad von Eichenholz	30	—	—
Das Getriebe	3	—	—
24 Ellen gute föhrene Balken, in ☐ 12 Zoll, à Elle 1 Mk. 12 ß.	14	—	—
24 Ellen dito, 10 zollige, à 1 Mk. 8 ß.	12	—	—
Für Zimmer also	174	—	—

4) Eisenzeug.

	Rthlr.	Mk.	ß.
Die eiserne Spille, 9 ſpf. à 7 Mk.	21	—	—
Die beyden Zapfen der Welle, mit Ringen, 10 ſpf. à 7 Mk.	23	1	—
Der Rien	10	—	—
Für Anker, Bolten und Nagel	27	2	—
Für Eisenzeug also	82	—	—

	Rthlr.	Mf.	₰
1) Das Haus	303	1	6
2) Bretter	28	—	—
3) Zimmer	174	—	—
4) Eisenzeug	82	—	—
Überdem 2 Stück rheinische igner Mühlsteine	220	—	—
Zimmerlohn mit Kostgeld	60	—	—
Für Transportirung der Materialien	20	—	—
Summa	887	1	6

Zu dieser Summe kommen annoch die Kosten der Dämmung, der Schleuße und des Gieß!s, bey einer neuen Anlage; weil aber selbige nach der Beschaffenheit jeden Orts mehr oder weniger ausmachen, so sind sie hier nicht in Anschlag gebracht.

Von den Roßmühlen.

Bey den Roßmühlen kommt es hauptsächlich darauf an, die Einrichtung so zu treffen, daß die Pferde nicht zu langsam und auch nicht zu geschwind gehen müssen, sondern ihren gemächlichen Gang, wie vor einem mäßigen Fuder zu gehen kommen. Denn trift man die Einrichtung so, daß die Pferde ganz langsam gehen sollen; so muß der Hebel, bey dem sie ziehen, kürzer seyn, als wenn sie ihren mittelmäßigen Gang halten, und gehet alsdann eine Roßmühle um vieles schwerer. Wird hingegen die Einrichtung der Räder so getroffen, daß die Pferde einen allzugeschwinden Gang gehen müssen, bevor die Steine ihren rechten Lauf und gehörige Wirkung thun können; so wird der Hebel der Kraft zwar länger, und der Gang der Mühle leichter, aber die Pferde halten den schnellern Gang nicht lange aus, und dies ist also von dieser Seite schädlich.

Die Pferde müssen so eingespannt werden, daß sie ganz horizontal ziehen, damit sie ihre größeste Kraft anwenden, ohne dadurch die Friktion zu vermehren.

Der Platz, worauf die Pferde gehen sollen, muß ganz eben gemacht werden. Gute feste Erde ist am tauglichsten dazu, weil die Pferde darauf ebene und sichere Tritte halten können. Steinpflaster ist dazu nicht zu gebrauchen.

Der Hebel, bey welchem die Pferde ziehen, ist gewöhnlich vom Mittelpunkt der Wolze 8 bis 10 Fuß lang. Kürzer kann selbiger wegen des kleinen Zirkels nicht seyn, weil sonst die Pferde nicht nur allzust rk an der einen Seite ziehen, sondern auch bey dem Umgang in kleinen Cirkeln leicht taumelnd werden würden.

Da

Da aber der Gang der Pferde sehr verschieden ist, und also der Gang eines Pferdes viel geschwinder als der eines andern seyn kann, so ist es bey den Roßmühlen dienlich, den Hebel der Pferde 12 Fuß lang zu machen, weil sodann das Einspannen der Pferde so zu machen, daß sie nach ihrem Gang einen größern oder kleinern Cirkel halten; und der Mühlenstein auch bey dem verschiedenen Pferdeziehen seinen bestimmten Lauf erhält.

Einen Cirkel von 20 Fuß in Diameter, dessen Peripherie also 63 Fuß hält, beschließt ein Pferd von mittelmäßigem Gang ungefähr in 15 Sekunden.

Das zum Ziehen der Mühle bestimmte Pferd muß, ehe es vorgespannt wird, einige Tage vorher in der Nähe derselben angebunden stehen, um nach und nach mit dem Lärmen und ihm ungewohnten Geklapper bekannt zu werden. Wie leicht könnte es sonst nicht, wenn ihm bange würde, und es durchliese, sich selbst und der Mühle schaden? — Ist es nun auf diese Weise zum Geklapper gewöhnt, so kann man es vorspannen; aber nie, ohne etwas vor den Augen gebunden zu haben, damit es nicht wegen des beständigen Rundgehens taumele. Sollte es nun noch, wie der Fall seyn könnte, schüchtern werden, ja sogar durchlaufen, und nicht zu halten seyn: so ist kein Mittel sichrer es zu bändigen: als geschwind einen Eimer voll Wassers dem Pferde gerade vorm Kopf gegossen. Gleich wirds still stehen.

Von Graupen-Roßmühlen.

Graupen-Roßmühlen trift man sehr selten an. Der Bruder meines Aelter-Vaters, Friedrich Christian Clausen, hatte vor vielen Jahren in dem Dorfe Leck, dieses Herzogthums, eine solche Mühle gebauet; allein er konnte auf derselben nicht mehr Gerste pellen, als daß 3 Pferde kaum vom Abfall unterhalten werden konnten; da sie also nicht mit Nutzen zu gebrauchen war, so ließ er selbige wieder wegbrechen.

Zu Kriegszeiten dürften solche Roßmühlen indessen nicht undienlich seyn, besonders in einer belagerten Festung, worinn keine Wassermühlen vorhanden; denn die Windmühlen der Westungen stehen gewöhnlich auf den Wällen, um desto freyeren Wind zu haben, daher sie vom Felnde, welches gemeiniglich auch der Fall seyn soll, leicht beschossen und zerstört werden können. Eine Graupen-Roßmühle dürfte also in obberegtem Fall nothwendig seyn, und wird also die Beschreibung der Einrichtung derselben hier nicht am unrechten Orte stehen.

In einer Roßmühle kann man nicht leicht einen größern Pellstein, als zu 4 Fuß im Diameter haben, denn diesen zu ziehen, erfodert 3 Pferde, und selbige werden

den es nicht einmal lange aushalten können. Ein Peulſtein von 4 Fuß im Diameter muß, um ſeine Wirkung zu thun, in jeder Sekunde 6¼ mal ſeinen Cirkel durchlauffen. Die Pferde gehen die Peripherie ihres Cirkels von 63 Fuß in 15 Sekunden rund, alſo muß ein Peulſtein von 4 Fuß, in der Zeit, worinn die Pferde ihren Cirkel einmal durchgehen, den Seinigen 93½ mal durchlaufen.

Da kein Getreibe, wenn ſelbiges der Hebel der laſt ſeyn ſoll, weniger als 6 Stöcke haben kann; ſo muß in einer Roßmühle, worin man nur ein Stirnrad haben will, beſagtes Rad von 560 Kämmen, 3 Zoll Abtheilung ſeyn, damit auf den Peulſtein ein Getreibe von 6 Stöcken kommen kann. Durch die Walze des Stirnrades wird ein Hebel von 10 Fuß länge befeſtiget, an welchem die Pferde ziehen. Beſagtes Stirnrad von 560 Kämmen, 3 Zoll Abtheilung, im Diameter 47 Fuß, würde indeſſen allzugroß ſeyn, und ſich kaum in der Rundung halten können, und wäre es daher beſſer, in erwähnte Mühle doppeltes Räderwerk zu ſetzen; dies würde zwar die Friktion vermehren, man muß aber nicht allein darauf, ſondern hauptſächlich auf die Dauer der Maſchine Rückſicht nehmen; denn es iſt kein Vortheil, daß eine Maſchine leichter gehet, wenn ſie dabey nicht Stärke genug beſitzt, ihre Wirkung zu thun.

Vom Peulſtein.

Bey einer Graupen-Roßmühle wird durch die Walze ein Hebel von 10 Fuß länge geſetzt, bey welchem die Pferde ziehen. Um die Walze der Pferde wird ein Stirnrad von 151 Kämmen, 3 Zoll Abtheilung, und auf die aufſtehende Welle ein Getreibe von 30 Stöcken geſetzt, welches gegen die Pferde 5 mal rund läuft.

Auf die aufſtehende Welle wird auch ein Stirnrad von 205 Kämmen, 2 Zoll Abtheilung, und auf den Peulſtein ein Getreibe von 11 Stöcken geſetzt; da denn der Peulſtein 93½ mal in der nämlichen Zeit rund läuft, in welcher die Pferde ihren Cirkel einmal beſchikßen, welches aus folgender Berechnung erhellet.

Erſtes Rad 151 K.		erſtes Getr. 30 St.	
zweytes — 205 K.		zweyt. — 11 —	
	755		30
	3020		30
330)	30955		330
	93 ½½ mal		

Vom Mehlstein.

In obberegter Mühle wird ein Mehlstein von 4 Fuß 6 Zoll in Diameter gelegt; dieser geht langsamen Lauf, wenn er in jeder Sekunde seinen Cirkel beschließet. Warum wir diesen langsamen Lauf wählen, soll hernach berichtet werden. Die Pferde endigen ihren Zirkel in 15 Sekunden, und folglich soll ein Mehlstein von 4 Fuß 6 Zoll seinen Cirkel 15 mal durchlaufen, wenn die Pferde den ihrigen einmal durchwandern. In einer solchen Mühle also, wobey die Pferde an einem Hebel von 10 Fuß Länge ziehen, und die auf ihrer Walze ein Stirnrad von 151 Kämmen, und auf der aufstehenden Welle ein Getriebe von 30 Stöcken, nebst einem Stirnrad von 205 Kämmen hat, muß auf obbeschriebenen Mehlstein ein Getriebe von 68 Stöcken gesetzt werden.

Von dem Brechstein.

Es wird in der hieselbst angenommenen Mühle ein Grützstein von 4 Fuß im Diameter gelegt, dieser geht mittelmäßig langsamen Lauf, wenn er in 3 Sekunden, 4 mal rund gehet. Die Pferde beschließen ihren Zirkel in 15 Sekunden, wogegen obiger Brechstein also 20 mal rund laufen muß. Auf einen solchen Brechstein, in einer Mühle von der angezeigten Rädereinrichtung, muß demnach ein Getriebe von 91 Stöcken gesetzt werden.

Um Gerste zu pellen, werden 3 Pferde erfordert, die Mühle zu treiben; zum Mehlmahlen hingegen kann selbige mit 2 Pferden, und zum Grützbrechen mit 1 Pferd getrieben werden.

Wenn die Pferde in 2 Stunden vor einer Roßmühle gegangen; so werden sie ausgespannt, und eine Stunde gefüttert; sie werden also 3 oder 4 mal des Tages ein- und ausgespannt. Derjenige, welcher bey den Pferden dahin zu sehen hat, daß sie egalen Gang bey dem Mahlen halten, muß auch genau darauf Acht geben, daß sie zum harnen kommen, weil sonst ein Pferd davon ganz verdorben werden kann.

Auf der Taf. VII. ist obbeschriebene Roß-Graupenmühle gezeichnet, und kann an diesem Orte zu stehen kommen, wie folget:

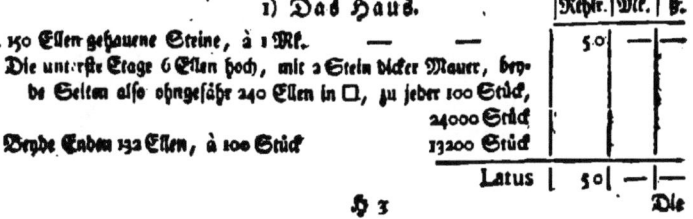

	Rthlr.	Ngl.	Pf.
1) Das Haus.			
150 Ellen gehauene Steine, à 1 Rthl.	50	—	—
Die unterste Etage 6 Ellen hoch, mit 2 Stein dicker Mauer, beyde Seiten also ohngefähr 240 Ellen in □, zu jeder 100 Stück, 24000 Stück			
Beyde Enden 132 Ellen, à 100 Stück 13200 Stück			
Latus	50	—	—

	Rthlr.	Mk.	ß.
Tranſp.	50	—	—

Die oberſte Etage 4 Ellen hoch, 1½ Stein dicke Mauer, à Elle in ☐ 75 St.

beyde Seiten 150 Ellen			
— Enden 88 — 37200 Stück			
248 Ellen 18600 Stück			
Zu den Enden oben ohngefähr 96 Ellen, 1 Stein dick, à Elle 50 Stück — — — 4800 Stück			
zuſammen 60600 Stück			
à 1000 14 Mk. — — —	282	2	6
7 Stück 12ellige Balken, in ☐ 12 Zoll, à 84 Ellen, 1 Mk. 12 ß.	49	—	—
84 Ellen 10 zöllige, dito, à Elle 1 Mk. 8 ß.	42	—	—
4 Stück 20 ellige Riemen, à Stück 5 Rthlr. — —	20	—	—
24 Stück 10ellige Sparren, à Stück 2 Mk. 4 ß. —	18	—	—
150 Stück große Steinlatten, à Hundert 9 Rthlr. —	13	1	8
600 Stück große Lattnagel, à Hundert 1 Mk. —	2	—	—
2200 Stück Dachſteine, à 1000 10 Rthlr. — —	22	—	—
15 Tonnen Kalk, à Tonne 7 Mk. — — —	35	—	—
Für Thon und Sand — — —	20	—	—
Mauerlohn, à 1000 Mauerſteine 2 Rthlr. — —	121	—	—
Für das Haus alſo	675	—	14

2) Bretter.

Zu den beyden Böden 12 Zwölfter 6ellige Bretter, à 10 Mk. 8 ß.	42	—	—
Zu Weyhern und Sichtkaſten, 4 Zwölfter, à 10 Mk. 8 ß. —	14	—	—
Für Bretter alſo	56	—	—

3) Zimmer und Mühlſteine.

6 Stück 20 ellige Balken, in ☐ 10 Zoll, à Stück 6 Rthlr.	36	—	—
Die Walze, welche die Pferde ziehen 11 Fuß lang, in ☐ 15 Zoll von föhrenem Holz — — — —	6	—	—
Das Stirnrad mit eiſernen Schrauben — —	45	—	—
Latus	87	—	—

Die

	Rthlr.	Mk.	ß.
Tranſp.	87	—	—
Die andere aufſtehende Welle, 17 Fuß lang und 14 Zoll in □.	8	—	—
Das Getreibe der aufſtehenden Welle	10	—	—
Das oberſte Stirnrad	45	—	—
Die drey Getreibe der Steine	9	—	—
Obers und Untermehlſteine	160	—	—
Ober- und Unterbrechſteine	100	—	—
Ober und Unterpellſteine mit Schlengeln	20	—	—
Für Zimmer und Mühlſteine	439	—	—

4) **Eiſenzeug.**

	Rthlr.	Mk.	ß.
Die vier Zapfen der beyden Wellen mit Ringen, 20 lpf. à 7 Mk.	46	2	—
Eiſerne Mehlſteinſpille, Kläver, Zapfen und Spoor, 8 lpf.			
Brechſtein, dito — — — 7			
Pellſtein, dito — — — 7			
Zuſammen 22 lpf. à 7 Mk	51	1	—
3 Stück Klenen, à Stück 10 Rthlr.	30	—	—
Zu Ankern, Bolten und Nägeln	5	c	—
Eiſenwaaren	178	—	—
Zimmer und Mühlſteine	439	—	—
Bretter	56	—	—
Haus	675	—	14
Ueberdem zum Transport der Materialien	60	—	—
Zimmerlohn	120	—	—
Für 2 Pferde, à 30 Rthlr.	60	—	—
Summa	1588	—	14

Von Roß-Mehlmühlen.

Bey dem Mehlſteine einer Roß-Mehlmühle, kommt es nicht auf einen ſo beſtimmten Lauf an, wie bey einem Pellſtein, wenn nur Kraft genug vorhanden, ihn zu treiben; Zwar kann ein Mehlſtein mehr mahlen, wenn er in 3 Secunden nur 4mal, als wenn er in 4 Secunden nur 3mal umläuft; aber in beyden Fällen kann doch Mehl auf ihm gemahlen werden; dahingegen kann ein Pellſtein, ſobald er nicht ſeinen beſtimmten Lauf erhält, das Korn bey der Kante nicht halten und folglich auch die gehörige Wirkung nicht thun.

Je

64

Je öfter ein Stein in der Zeit umlaufen muß, in welcher der Hebel der Kraft umgetrieben wird, desto schwerer gehet eine Roßmühle, weil sodann der kürzeste Theil des Hebels der Kraft, wobey die Pferde umziehen, noch kürzer gemacht werden muß.

Zu einer Mühle, die von Pferden gezogen, welche ihren kleinen Cirkel nur langsam umgehen, und daher immer bey dem kürzesten Theil des Hebels der Kraft eingespannt werden müssen, um den Mühlenstein in seinen gehörigen Lauf zu bringen, ist große Kraft erforderlich, um sie zu treiben. Aus dieser Ursache habe ich den langsamsten Umlauf der Mehl- und Brechsteine für Roßmühlen bestimmt, bey welchem doch gut Mehl und Grütze gemahlen werden kann, und damit auch nach obigen Gründen nicht mehr Kraft, als nöthig, auf die bloße Bewegung des Steins, sondern auf das Kornmahlen selbst verwandt werde.

Ein Mehlstein von 4 Fuß 6 Zoll gehet mittelmäßigen Lauf, wenn er in jeder Sekunde rund läuft, und also gegen die Pferde, welche ihren Cirkel in 15 Sekunden durchwandern, 15 mal den seinigen beschließt.

In einer Roßmühle, bey welcher die Pferde einen Hebel von 10 Fuß Länge haben, und wozu ein Mehlstein von 4 Fuß 6 Zoll gehört, wird um die Walze der Pferde ein Stirnrad von 166 Kämmen, 2 Zoll Abtheilung, und auf den Mehlstein ein Getreibe von 11 Stöcken gesetzt.

Wenn auf solcher Mühle Roggen und Weitzen gemahlen werden soll, sind 2 Pferde vonnöthen; Malz aber kann mit einem Pferde gemahlen werden.

Eine solche Roß-Mehlmühle ist auf Taf. VIII. gezeichnet, und der Preis derselben ist am hiesigen Orte, wie folget:

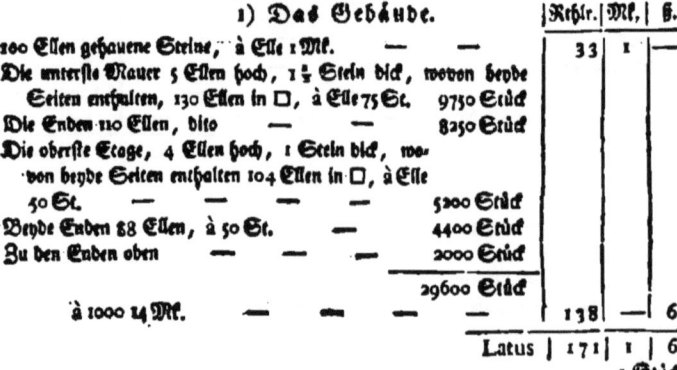

1) Das Gebäude.		Rthlr.	Mf.	ß.
100 Ellen gehauene Steine, à Elle 1 Mf. — —		33	1	
Die unterste Mauer 5 Ellen hoch, 1½ Stein dick, wovon beyde Seiten enthalten, 130 Ellen in □, à Elle 75 St.	9750 Stück			
Die Enden 110 Ellen, dito — —	8250 Stück			
Die oberste Etage, 4 Ellen hoch, 1 Stein dick, wovon beyde Seiten enthalten 104 Ellen in □, à Elle 50 St. — —	5200 Stück			
Beyde Enden 88 Ellen, à 50 St. —	4400 Stück			
Zu den Enden oben	2000 Stück			
	29600 Stück			
à 1000 14 Mf. — — — —		138		6
	Latus	171	1	6
		5 Stück		

	Rthlr.	Mk.	ß.
Tranſp.	171	1	6
5 Stück Balken, 12 Ellen lang, in ☐ 10 Zoll, 60 Ellen, à Elle 1 Mk. 8 ß.	30	—	—
5 Stück dito, lr. ☐ 8 Zoll, à Stück 7 Mk. 8 ß.	12	1	8
Zu Mauerpfälen, 4 Balken, 13 Ellen lang, à Stück 5 Mk.	6	2	—
18 Stück roellige Sparren, à Stück 3 Mk.	18	—	—
100 große Steinlatten	9	—	—
1500 Dachpfannen, à Hundert 1 Rthlr.	15	—	—
10 Tonnen Kalk, à 7 Mk.	23	1	—
Für Thon und Sand	12	—	—
Mauerlohn	60	—	—
Annoch 500 Stück große Lattnagel	1	2	—
Das Gebäude alſo	359	1	14

2) Bretter.

Zu Boden, 8 Zwölfter 6 ellige Bretter, à 10 Mk. 8 ß.	28	—	—
2 Zwölfter Bretter zu Rumpf, Schuh und Rüp des Steins	7	—	—
An Brettern alſo	35	—	—

3) Zimmer.

Die Welle, wobey die Pferde ziehen, 9 Fuß lang, in ☐ 1 Fuß, von föhrenem Holz, à Fuß 14 ß.	2	1	14
4 Stück Balken, à 20 Ellen, in ☐ 9 Zoll, à Stück 16 Mk.	21	1	—
Die beyden Hebel, wobey die Pferde ziehen	2	—	—
Das Sternrad mit eiſernen Schrauben, zwiſchen den Kämmen	45	—	—
Das Getreibe	3	—	—
Für Zimmer alſo	73	2	14

4) Mühlſteine.

2 Stück Rheiniſche Steine von 4 Fuß 6 Zoll im Diameter	140	—	—

5) Eiſen-

5) **Eisenzeug.**

	Rthlr.	Mk.	ß.
Die eiserne Spille, 8 ℔pf. à 7 Mk.	18	2	—
Die beyden eisernen Zapfen mit Ringen, 8 ℔pf. à 7 Mk.	18	2	—
Der Rien	10	—	—
Anker, Bolten und Nägel	20	—	—
Eisenzeug	67	1	—
Mühlsteine	140	—	—
Zimmer	73	2	14
Bretter	35	—	—
Gebäude	359	1	14
überdem 2 Pferde, à Stück 30 Rthlr.	60	—	—
und zum Transport der Materialien	20	—	—
auch Zimmer-Arbeitslohn und Kostgeld	50	—	—
Summa	805	1	12

Vom Handmühlenbau.

Die bequemste Handmühle ist die, welche vermittelst eines Rades getrieben, und von einer Person, wie ein Schleifstein umgezogen wird. Auf solche Weise kann man seine Kraft bequemer und zugleich stärker anwenden, als bey den gewöhnlichen Handmühlen, die über den Stein einen krummen Handfang haben; daher denn auch eine Person auf ersterer mit leichterer Mühe mehr, als deren 2 in gleicher Zeit auf letzterer mahlen können. Ueberdem kann bey ersterer eine Sichte für eine Schnur angebracht werden, worauf die Grütze geschieden werden kann, welches bey den gewöhnlichen von einer Person mit einer Handsichte bewerkstelliget werden muß: daß sich dieses so verhält, bedarf keines weitern Beweises, sobald man folgende Einrichtung annimmt.

Um die Walze, welche mit dem Wrangel umgedrehet, wird ein Kammrad von 61 Kämmen, 2 Zoll Abtheilung, und auf den Stein ein Getreibe von 15 Stöcken gesetzt. Kann die Mühle so zu stehen kommen, daß man zu den Seiten Platz genug hat; so kann auf jedes Ende der Walze ein Wrangel angebracht, damit sie von zwey Personen zugleich gezogen werden können.

Die Wrangeln müssen vom Mittelpunkt der Walze 12 Zoll Schwung haben, auch so auf die Walze gesetzt werden; daß, wenn der eine mit dem Handfang unten stehet, alsdann der andere mit demselben oben zu stehen kommet, weil alsdann die Mühle von zwey Personen ebener gezogen wird.

Die

Die Sichtkiste wird 4½ Fuß lang und 1½ Fuß breit gemacht. Unter dem Strim auf die eiserne Spille wird eine Scheibe von 1 Fuß im Diameter, und auf den Wrangel der Sichte eine Scheibe von 6 Zoll im Diameter gesetzt. Der Sichte Wrangel muß 1 Zoll Schwung haben, damit selbiger die Sichte 2 Zoll hin und her stößet.

Die Rheinischen Handmühlen-Steine sind die besten, sonst sind auch norweglischer Marmor und Kampfsteine zu gebrauchen. Die Strahlen der Handmühlen-Steine werden mit einem Cirkel, der so weit, als der halbe Diameter ausmacht, gespannet, und so wie vorhin vom Mehlstein gesagt, (doch ein wenig näher zusammen) bezeichnet und verfertiget.

Eine solche Handmühle ist Taf. II. Fig. 22. gezeichnet, und kann hier zu stehen kommen, wie folget:

2 Stück ordin. Rheinische Handmühlen-Steine, jeder im Diameter 2 Fuß
und 7 Zoll dick, à Stück 6 Mk. 12 ß. — — — 13 Mk. 8 ß.
Zimmer und Zimmerlohn — — — — 5 Mk. —
Die Sichtkiste — — — — — 9 Mk. —
Die eiserne Sichte — — — — 9 Mk. —
An Eisenzeug für — — — — 5 Mk. 8 ß.

Summa 45 Mk. —

Von dem Kornreinigen.

Das Korn muß entweder durch seine verschiedene Größe, oder Schwere, von einander, und von aller Unreinigkeit getrennt werden; denn alles Unreine, was an Größe und Schwere gleiche Beschaffenheit mit dem Korn hat, läßt sich auf keine Weise davon absondern.

Um das Korn durch seine verschiedene Größe von einander zu trennen, und von der Unreinigkeit, so nicht von nämlicher Größe, zu sondern, ist kein besseres Instrument vorhanden, als eine gute Harfsichte mit 3 oder 4 Stück Sichten unter einander, worinn der Eisendraht quer in der Sichte sitzt, und 3 oder 4 eiserne Dräthe, der Sichte längs angebracht worden, die Weite der Löcher zu halten.

Diese Art Sichten sind besser als diejenigen mit runden oder 4eckigten Löchern, denn, wenn das unreife magere Korn und andere Unreinigkeiten von nämlicher Länge, als das gute Korn ist; so kann es auch nicht eher durch die kleinen runden oder viereckigten Löcher gehen, als das letztere, es sey denn, daß es von dem Rütteln, sel-

ner Leichtigkeit halber über Ende gesetzt wird und durchgsiltschst. Weil aber das reife gute Korn viel dicker als jenes ist; so läßt es sich auf obiger Harfsichte nicht nur sehr gut von dem magern Korn, sondern auch von aller Unreinigkeit, welche mit dem magern gleiche Größe hat, trennen, wenn nur die eisernen Dräthe in den Sichten, nach den verschiedenen Kornarten, die gehörige Weite von einander haben.

Die oberste Sichte muß nicht weiter zwischen den eisernen Dräthen seyn, als daß keine vollkommene Waitzenkörner durchfallen. Die andern nicht weiter, als daß keine vollkommene Körner sechsschichtige Gerste durchgehen. Die dritte so, daß keine vollkommene Haberkörner durchlaufen, und die vierte muß nicht weiter zwischen den Dräthen seyn, als daß keine vollkommne Rapsaat durchfällt.

Mit solchen Sichten kann man nicht allein das Korn von vieler Unreinigkeit säubern, sondern selbiges auch nach seiner verschiedenen Größe von einander trennen. Den Graupenmüllern ist eine solche Sichte, um die größere und kleinere Gerste von einander zu trennen, von großem Nutzen. Die Erfahrung lehrt, daß wenn vollkommene und magere Gerste unter einander gepellt wird, kriegt erstere allemal zu viel, wenn letztere genug haben soll, und daher schwindet die Gerste von verschiedener Größe bey dem Pellen immer mehr, als diejenige von egaler Größe.

Zu den Sichten ist breyeckigter Eisendrath am besten. Unter die eisernen Dräthe, so längs den Sichten laufen, wird selbiger solchergestalt gebunden, daß er seine Fläche nach oben behält, weil die Löcher daben oben enger als unten werden, und sich also in den Löchern nichts festsetzen kann, indem dasjenige, was bey solcher Methode in die Löcher kommt, nothwendig auch durchfallen muß. Dahingegen sind die Sichten von rundem Eisendrath, in den Löchern, oben und unten, weiter als in der Mitte, wesfalls sich das Korn leicht in selbiger fest setzt, und die Sichten daben dicht und unbrauchbar werden. Man verfertiget obige Art Sichten, wie auf Taf. II. Fig. 24. zu sehen, dergestalt, daß selbige entweder vor der Mühle mit einer Schnur gezogen, oder man trifft auch bey der Sichtkiste die Einrichtung, daß ein Kamm- oder Sternrad von 45 Kämmen, 2 Zoll Abtheilung, angebracht werden kann, welches von einer Person, wie ein Schleifstein zu ziehen, und auf den Wrangel, der so viel Schwung habe, daß er die Sichte 2 bis 2½ Zoll hin und her stoßen kann, wird ein Getriebe von 11 Stöcken gesetzt.

Das Korn nach seiner verschiedenen Schwere von einander zu scheiden; so wie alle Unreinigkeit, welche mit dem Korn von ungleicher Schwere, davon abzubringen, dazu ist kein besseres Instrument vorhanden, als ein wohl proportionirlicher Weyher.

Der

Der Kasten des Weyhers muß 5 Fuß 4 Zoll hoch, 2 Fuß breit und 8 Fuß und 6 Zoll lang verarbeitet werden. Vom Raum, worinn das Korn fallen soll, nimmt man 1 Fuß der Höhe nach von unten weg, damit Körbe hinuntergesetzt werden können, das Korn auszunehmen. In dem Kasten werden 7 bis 8 Zoll vom Mittelpunkt des Weyhers Walze, mit selbiger horizontal, 2 Löcher von 4 bis 5 Zoll in Quadrat gemacht, wodurch der Weyher Wind oder Luft zu sich ziehet, und durch seine Bewegung wieder von sich stößt. Die Walze des Weyhers von 5 bis 6 Zoll in Diameter, worin 6 Stück Flechten 2 ½ Fuß lang, 1 Fuß 10 Zoll breit und ½ Zoll dick gesetzt werden, läuft auf eisernen Zapfen von 1 Zoll im Diameter, wovon der eine am äußersten Ende in Quadrat angebracht wird, um sie dabey zu ziehen. Im ganzen Kasten, rund um den Weyher werden dünne Bretter, bis auf eine Oefnung von 1 Fuß, woraus der Wind fähret, so befestiget, daß der Weyher in die Rundung eben frey laufe, damit er seinen Wind desto stärker und ebener von sich stoßen könne. Der erste Raum nächst dem Weyher, wird von der Rundung desselben 10 Zoll, der 2te 8 Zoll, der dritte 6 Zoll, der vierte 4 Zoll und der fünfte 1 Fuß weit gemacht. Das Scheidebrett zwischen dem ersten und 2ten Raum, nächst dem Weyher wird 1 Fuß hoch, zwischen dem 2ten und 3ten 1 Fuß 1 Zoll, zwischen dem 3ten und 4ten 1 Fuß 2 Zoll, zwischen dem 4ten und 5ten 1 Fuß 3 Zoll, und das 5te 1 Fuß 4 Zoll hoch gemacht. Die Scheidebretter werden oben scharf verarbeitet, damit kein Korn darauf liegen bleiben kann. Die Oefnung in der Rundung um den Weyher, woraus der Wind fährt, gehet in beschriebener Höhe von der obersten Kante des ersten Scheidebrettes aufwärts zu.

Oben auf dem Kasten wird ein Rumpf, worinn das Korn gefüllt wird, angebracht, unter dem Rumpf aber ein kleiner Schuh beweglich angebracht, woran eine Stange so zu befestigen, daß selbige mit der Erde in eine Klappscheibe, die um die Walze des Weyhers sitzt, fällt, wodurch der Schuh gerüttelt werden kann, damit das Korn keinen stärkern Fall erhält, als von seiner eigenen Schwere; denn fiele das Korn gerade aus dem Rumpf; so würde ein Korn das andere drücken, und die Schnelligkeit des Falls vermehren. Auf obige Weise kann das Korn durch den Wind des Weyhers, bequemer in den Raum des Kastens hingeführt werden, wo es seiner Schwere nach hingehöret.

Von der obersten Kante der Oefnung, woraus der Wind fährt, bis an den Schuh, wird ein Brett befestiget, damit der Wind nicht durch die Hölung aufgehalten werde; auch muß der Kasten von dem Schuh ab, oben über alle Räume hin, mit Brettern ganz dichte bekleidet werden.

Das hinterste Ende vom Kasten muß ganz offen gelassen werden, damit der Wind freye Durchfahrt habe, und der Kaff nicht den ganzen Kasten überschwebe, welches sonst, wenn selbiger hinten dicht ist, geschiehet.

Der Rumpf und der Schuh müssen so hoch gestellt werden, daß das Korn von dem Schuh bis zur obersten Kante der Oefnung, wodurch der Wind kommt, zwey bis drey Fuß Fall haben kann, damit das Korn sich desto besser vom Winde scheiden lasse.

Diese Art Weyhers können vor der Mühle durch eine Schnur getrieben werden, oder man bringt bey dem Kasten eine Scheibe an, deren Diameter 3 Fuß ausmacht, welche mit einem Wrangel von 9 Zoll Schwung, wie ein Schleifstein gezogen werden kann. Um die Walze des Weyhers wird eine Scheibe von 9 Zoll im Diameter gesetzt, da denn selbiger auf den Boden zu gebrauchen ist.

Der Weyher ist so umzubrechen, daß er den Wind aufwärts gegen den Rumpf wirft.

Mit einem solchen Weyher kann man alle Kornarten, die unterschiedene Schwere halten, von einander scheiden, so wie alle Unreinigkeit, welche leichter als das Korn ist, von selbigem trennen.

Ein solcher Weyher ist Taf. II. Fig. 23. zu sehen.

Von Mehlsichten.

Wenn Waitzen, Roggen oder gepellte Gerste zu Mehl gemahlen; so ist das Mehl vom Mahlen warm. Bey dem Mehlsichten ist es indessen ein großer Vortheil, wenn das Mehl vor dem Sichten ganz kalt geworden, denn sodann fällt es besser durch das Tuch; sichtet man es hingegen eben so warm als es gemahlen, so setzt es sich in das Tuch und macht selbiges unklar und dicht.

Von den besten Waitzen-Mehlsichten.

Man verfertiget eine runde Walze von 18 Fuß lange und 4 Zoll im Diameter, die mit beyden Enden auf eisernen Zapfen von ⅜ Zoll im Diameter läuft. Der oberste Zapfen wird so lang gemacht, daß er durch das Brett der Sichtkiste (worinn er läuft), Klappscheibe und Wrangel reichen kann. Auf jedes Ende der Walze wird ein hölzerner Bügel, wie die eines Handsiebes, mit einem hölzernen Kreutz durch die Walze befestiget. Der oberste Bügel, worein das Mehl fällt, wird 1½ Fuß, und der andere, aus welchem der Kley fällt, 1 Fuß im Diameter verfertiget. Die Peripherie der Bügel wird in 6 gleiche Theile getheilet, und mit 6 Stück leisten von 1½ Zoll in Quadrat, auf welchem das Tuch, wodurch das Mehl fällt, genagelt, zusammen befestiget.

Sechs Fuß des obersten Ende werden mit weißem schleyern seidenen Flor beschlagen, wodurch das beste Mehl fällt. Sechs Fuß in der Mitte der Sichte, mit gutem schleyern, (ja nicht geblümten) Kammertuch, wodurch das schlechte Mehl gehet, beschlagen, und die hintersten 6 Fuß der Sichte mit weißem Haartuch, wodurch das Grobmehl fällt, bezogen. Hiernächst werden 2 eschene Bänder 2 Zoll breit und einen guten viertel Zoll dick gemacht, und so weit, daß wenn selbige um die Sichte gehalten, sie alsdenn ein Zoll rund um, von den leisten, auf welchen das Tuch geschlagen, entfernt sitzen können. Sechs Fuß von jedem Ende der leisten, werden eiserne Schrauben befestiget, die durch obige Bänder gehen, womit das Tuch nach Belieben gestrammt werden kann.

Die Sichtkiste wird 18 Fuß lang, 4 Fuß breit, und 5 Fuß hoch verfertiget, und so daß das vorderste Ende bequem abgenommen werden kann, um die Sichte nach Belieben auszunehmen.

Die Sichte muß dergestalt mitten in der Kiste geleget werden, daß das oberste Ende mit seinen Zapfen 1 Fuß höher als das unterste laufet, damit der Kley sich vom Umdrehen aus dem andern Ende der Sichte heraus wälzet. Mitten in der Kiste zur linken Hand, wird eine Klapper von hartem Holz 3 Fuß lang und 2½ Zoll in Quatrat, oben beweglich, so angebracht, daß er durch das Umdrehen auf die leisten des Tuchs schlage, durch welche Erschütterung das Sichten viel befördert wird.

Inwendig der Sichtkiste an beyden Enden, mit der Sichte auf, wird auf jede Seite derselben 1 Brett von 6 Zoll Breite befestiget. Unter der Sichte werden auf selbiger Bretter genagelt, damit wenn etwas vom Mehl, beym Einrütteln in die Sichte vorbey fallen sollte, solches in obigen Raum laufen, das Mehl hübsch rein erhalten, und das Vorbeyfallende wieder gesichtet werden könne.

An dem hintersten Ende der Sichte wird eben so ein Raum gemacht, werinn der Kley, der durch die Sichte gehet, fallen kann. Einige machen auch in die Kiste Scheidewände, damit jede Sorte Mehl in einen aparten Raum fällt.

An der Kiste wird ein Rumpf, worin das Mehl zu füllen, befestiget. Unter selbigem wird ein kleiner Schuh angebracht, der das Mehl in die Sichte rüttele, selbiger hänget hinten an den Rumpf mit zwey Bändern, und vorne gehet von dem Schuh der auf diese befestiget ist, eine Stange, die so gemacht, daß sie in die Zacken der

Klapp-

Klappſcheibe fallen kann. Oben auf die Sichtkiſte wird ein eiſerner Bügel, 1 Fuß lang, ſo befeſtiget, daß der Schuh damit geſtrammt werden kann, ſtark oder ſachte zuſchlagen, wie es nöthig ſeyn möchte, um das Mehl in die Sichte zu ſchütteln.

Die Klappſcheibe wird im Diameter 8 Zoll, und mit 9 Zacken à einen Zoll tief gemacht. Eine ſolche Sichte iſt Taf. II. Fig. 25. zu ſehen.

Von Gerſtenmehl-Sichten.

Gerſten- und Roggenmehl kann auch auf obbeſchriebener Sichte geſichtet werden; hier iſt aber nachfolgende gebräuchlich.

Da die Gerſte erſt gepellt ſeyn muß, bevor ſie zu Mehl gemahlen, weil das Mehl ſonſt ſo grau wird, ſo iſt in dem Mehl kein Kley, der das Tuch reinigen kann; weswegen denn auch Gerſtenmehl nicht ſo geſchwind, als Weitzen- und Roggenmehl zu ſichten.

Das Gerſtenmehl muß das erſtemal nicht zu fein gemahlen werden, damit etwas Grützartiges darinn verbleibt, welches auf die Sichte ſcheuert, wodurch das Sichten viel gefördert wird. Das Grützartige, welches durch die Sichte geht, wird wieder umgemahlen, damit ſelbiges ſodann näher geſichtet werde, und alſo deßfalls nichts verlohren gehe.

Zu einer Gerſtenmehlſichte wird eine Walze von 12 Fuß länge, 3 Zoll im Diameter gemacht. An dem hinterſten Ende wird ein runder eiſerner Zapfen $\frac{1}{2}$ Zoll dick, und an dem vorderſten Ende der Walze ein eiſerner Zapfen 9 Zoll lang angebracht; die 4 Zoll des letztern werden wie ein Nagel eingeſchlagen, 2 Zoll ganz rund gemacht, worauf die Walze läuft, 1$\frac{1}{2}$ Zoll deſſelben wird viereckigt, worauf die Klappſcheibe ſitzen muß, die im Diameter 8 Zoll enthält, und in der Peripherie 9 Zacken 1$\frac{1}{2}$ Zoll tief hat. Der Wrangel, bey dem die Sichte umgedrehet wird, muß 9 Zoll Schwung haben. Die Sichte wird mit geſponnenem Haartuch beſchlagen. Ausgenommen in der länge, ſonſt wird ſie in allen, wie die nächſt vorher beſchriebene, verfertiget.

Dieſe Art Sichten könnten vor den Mühlen mit einer Schnur gezogen werden, wenn das Mehl ſich eben in die Sichte ſchütteln ließe; das thut es aber nicht, und wird nicht damit aufgepaßt: ſo kann das Mehl ſich ſo feſt klumpen, daß die Sichte zu ganzen Stunden leer gehet, oder es kann auch ſo viel in ſelbige hineinfallen, daß es nicht rein geſichtet werden kann. Deswegen iſt es beſſer, daß dieſe Art Sichten von einer Perſon, die damit aufpaßt, wie ein Schleifſtein gezogen werden.

Die

73

Die von einer höchstpreislichen Landhaushaltungs-Gesellschaft zu Kopenhagen gethane Aufgabe als 10te Frage, ist folgende:

Wann von ihm unterschiedliche Mühlen gebauet; so dienet es zur Glaubwürdigkeit für andere, welche die gethanen Vorschriften bey dem Mühlenbau gern befolgen mögten, daß Zeugnisse herbeygeschaft werden, wieviel Korn auf den Mühlen, nach den angezogenen Zeichnungen, und den in der Abhandlung darüber angeführten Dimensionen, in 24 Stunden gemahlen worden. Dies ist vor allem, als ein Anhang zu der Abhandlung zu verschaffen. Aus den Mehlmühlenattesten muß erhellen, wie oft das Korn auf den Stein geschlagen wird. Je umständlicher der Bericht davon, desto nützlicher die Abhandlung.

Die Wirkung der Grützmühlen ist auch mit Zeugnissen zu belegen; und besonders ist bey den Attesten der Wassermühlen eine ganz genaue Erklärung vonnöthen, über des Rades Diameter, die Tiefe der Schaufeln, des Wassers Höhe, der Schleußen Figur, in Hinsicht der Höhe, Breite und Tiefe, sammt ihrer Lage unter dem Wasser an dem Mühlendamm, bey unterschlächtigen Wasserrädern; so wie bey den oberschlächtigen Wasserrädern das nemliche zu leisten ist.

Nie habe ich zwar eine Mühle gebauet, aber doch von Jugend auf mich bemühet, die verschiedenen Einrichtungen der Mühlen kennen zu lernen, wodurch ich zur gewissen Ueberzeugung gelanget; daß es bey den Mühlen auf folgende Stücke hauptsächlich ankommt:

1) Daß eine Mühle dauerhaft und dabey so gebauet, daß zu den Geschäften hinlänglicher Raum darinn vorhanden.

2) Daß die Hebel der Kraft bey den Mühlen, so lang als es die Umstände nur erlauben, und zugleich so gemacht werden, daß selbige von den Kräften, Wind, Wasser und Pferde, am leichtesten in die behörige Bewegung gesetzt werden.

3) Daß die Steine in einer Mühle von der besten Sorte und brauchbarsten Größe sind, und dabey so eingerichtet, daß sie den vortheilhaftesten Lauf führen, um in kurzer Zeit das mehreste Korn zu mahlen.

4) Daß die Hebel der Last nicht länger, und ihrer nicht mehr seyn, als nöthig, den verlangten Lauf zu bewirken.

K   5) Daß

5) Daß alle bewegliche Hebel nicht schwerer verarbeitet werden, als sie, der Dauer und Stärke wegen, seyn müssen; daß auch die Zapfen der Hebel von solcher Materie gemacht werden, die dauerhaft ist, und doch der Dicke nach, den mindesten Diameter erfodern; daß ferner die Zapfen gegen solche Materien laufen, die haltbar sind, und worin sie sich am leichtesten bewegen lassen.

6) Daß die Kämme nicht breiter, und die Stöcke nicht gröber sind, als sie der Stärke wegen seyn müssen. Auch daß selbige von der besten und dazu bequemsten Art Holz gemacht werden; und

7) Daß die Kämme, Stöcke und Zapfen mit solcher Materie geschmiert werden, welche die Friktion am meisten mindert.

Was den Raum und die Dauerhaftigkeit betrift, welche auf meinen Zeichnungen näher bestimmt sind; so wird dies ein jeder, der Mühlen kennt, als hinlänglich annehmen: und wie die Hebel der Kraft gemacht seyn sollen, daß sie nach der Natur der Kraft, von ihr nach ihrer Länge am leichtesten bewegt werden, um die nöthige Wirkung hervorzubringen, ist vorhin in der Abhandlung ausführlich beschrieben, und die Erfahrung entspricht ihrer Richtigkeit. Die Einrichtung der Windmühlen ist solchergestalt gezeigt worden, daß der Wind die Ruthen ihrer Länge nach nicht schneller noch langsamer herumtreibe, als der Wind zu bewirken im Stande seyn muß, wenn mit den Ruthen die verlangte Wirkung am leichtesten hervorgebracht werden soll. Die Einrichtung der Wassermühlen ist so beschrieben, daß die Wasserräder so geschwind als möglich umlaufen, jedoch nicht geschwinder, als daß das Wasser durch seine Schwere Kraft genug behält, die Steine mit dem Korn in dem vortheilhaftesten Lauf zu treiben; und die Einrichtung der Roßmühlen so vor Augen gelegt, daß die Pferde einen kurzen Hebel, und folglich (der Zeit wegen) einen kleinen Cirkel haben; jedoch nicht kleiner, als daß ein Pferd in selbigem seine ganze Stärke anwenden, und ohne taumelnd zu werden, darin aushalten kann. Die Mühlensteine werden in keine geringere noch größere Bewegung gesetzt, als erforderlich ist, das Korn gut zu mahlen.

Die in der Abhandlung beschriebene Mühlensteine, sind von der bekanntesten besten Gattung, und für jede Mühle von der brauchbarsten Größe. Größer und schwerer können sie nicht seyn, weil dies eine Windmühle für wenigen Wind und eine Wassermühle für wenig Wasser zu gehen verhindern würde. Auch sind die Steine so eingerichtet, daß sie nach ihrer Größe das meiste Korn, in der kürzesten Zeit, am leichtesten und dabey gut mahlen.

Nicht nur meine eigenen vielen Versuche, sondern häufige Unterredungen mit alten Müllern und Sachkundigen, haben den auf Erfahrung sich gründenden Satz bewährt:

75

währt: daß die beschriebene Einrichtung der Steine die beste und vortheilhafteste sey.

Was die übrigen Punkte betrifft, die mehrern Aufschluß über wohleingerichtete Mühlen erheischen; so sehe ich nicht ab, wie bey den von mir ausführlich beschriebenen Mühlen eine vortheilhaftere Veränderung getroffen werden könnte. Sollte indessen jemand von meinen Mitcollegen eine bessere, als die von mir angezeigte Einrichtung der Mühlen, mit unverwerflichen Gründen belegen können, dann werde ich ihm nicht nur für die Mittheilung derselben vielen Dank wissen, sondern auch selbige öffentlich bekannt machen, weil ich bey Abfassung meiner Meynungen über Mühlenbau keinen andern Zweck habe, als den, meinen Nebenmenschen nützlich zu seyn, und ihnen bey Mühlenbauen und deren Einrichtung eine sicher zu befolgende, und Schaden entfernende Anweisung zu geben.

Damit ich aber das Verlangen einer höchstpreislichen Landhaushaltungs-Gesellschaft zu Kopenhagen, in Hinsicht der gethanen Aufgaben, so viel möglich befriedige, und damit ein jeder auch meinen Meynungen sicher Glauben beymessen und solche in vorkommenden Fällen befolgen könne, habe ich von Müllern, deren Mühlen die von mir beschriebenen am nächsten kommen, Atteste über die Größe und Einrichtung derselben eingezogen, die ich nicht nur hier beyfüge, sondern zugleich zeige, wo ich von ihrer Einrichtung, und aus welchen Gründen, abweiche.

Beschreibung über die der Madame Witzke zugehörige Wind-Graupenmühle von Sonderburg.

Die sechs Ständer sind 42 Fuß lang, oben 10 Zoll und unten 14 Zoll in □. Das unterste Taflement ist 32 Fuß und das oberste 15 Fuß im Diameter. Die Walze hält im Kopf 30 Zoll in □, ist 19 Fuß lang, und die Ruthen sind 66 Fuß lang, in der Mitte 13 Zoll in □, und an den Enden 4½ Zoll. Das Kronrad hält im Diameter 9 Fuß 3 Zoll, ist 1 Fuß dick und hat 62 Kämme von 5½ Zoll Abtheilung. Die aufstehende Welle ist 16 Fuß 10 Zoll lang, bey dem Stirnrad 19 Zoll und oben 15 Zoll in □. Das Getriebe der aufstehenden Welle hat 29 Stöcke von 5½ Zoll Abtheilung. Das Stirnrad hat 112 Kämme von 3½ Zoll Abtheilung. Die Getriebe der Pellsteine sind von 21 Stöcken, der Pellstein in Diameter 5⅝ Fuß. Auf dem Mehlstein ist ein Getriebe von 30 Stöcken, und der Mehlstein hält in Diameter 5 Fuß. Auf dem Brechstein gleichfalls ein Getriebe von 30 Stöcken, und der Brechstein im Diameter 4 Fuß.

K 2

Bey

Bey gutem egalen Wind können auf dieser Mühle in 24 Stunden 100 Tonnen Gerste gepellt, auf dem Mehlstein von gepellter Gerste 96 Tonnen Mehl, und auf dem Brechstein 150 Tonnen zu Grütze gemahlen werden; welches hierdurch auf Verlangen bescheiniget,

Sonderburg, den 24 Sept. 1783.

Seel. H. H. Witzkes Witwe.

Vom Pellstein.

In dieser Mühle hat

das Kronrad	62 Kämme	das Getreibe der Welle	29 Stöcke
das Stirnrad	112 —	— — des Pellst.	21 —
	124		29
	62		58
	62		609
609)	6944		
	$11\frac{245}{609}$		

folglich läuft der Pellstein gegen die Ruthen $11\frac{245}{609}$ mal rund.

Nach meiner Einrichtung muß ein Pellstein von $5\frac{1}{2}$ Fuß im Diameter, gegen Ruthen von 66 Fuß länge 12 mal umlaufen.

Vom Mehlstein.

Das Kronrad	62 Kämme	Getr. der aufst. Welle	29 St.
— Stirnrad	112 —	— des Mehlsteins	30 —
	124		870
	62		
	62		
870)	6944		
	$7\frac{854}{870}$ mal.		

also läuft der Mehlstein beynahe 8 mal, in der Zeit, worinn die Ruthen es nur einmal thun, rund, welches mit meiner Einrichtung genau übereinstimmt.

Vom Brechſtein.

```
Das Kronrad   62 Kämme      Getr. der auffr. Welle 29 St.
das Stirnrad 112  —          —   des Brechſteins  30  —
             ———                                  ———
             124                                  870
              62
              62
             ———
      870)  6944
             ———
            7 8/8/7 mal.
```

Mithin läuft der Brechſtein gegen die Ruthen nur 8 mal rund. Dies iſt, wie jeder leicht einſehen kann, ein Fehler; denn der Brechſtein iſt im Diameter 1 Fuß kleiner als der Mehlſtein, und hat bey dem Gebrauch nicht die halbe Friktion, und da er ſchneller als der Mehlſtein umlaufen ſoll, ſo muß der Wind die Ruthen auch ſtärker treiben.

Nach meiner Einrichtung ſoll ein Brechſtein von 4 Fuß gegen Ruthen von 66 Fuß 13 mal umlaufen, und alſo in dieſer Mühle ein Getreibe von 18 Stöcken haben. Ein jeder Mechanikus ſieht leicht ein, daß die Mühle alsdann zum Grützbrechen leichter gehe; weil ſodann die Kraft des Windes an den bloßen Lauf der Ruthen nicht unnütz verwandt werden.

Zur Probe, daß meine Einrichtung bey der Windmühle, in Hinſicht des Pellſteins, richtig ſey, kann folgende Beſchreibung einer hieſigen Graupenmühle, welche vor nicht langer Zeit von einem Mühlen-Zimmermeiſter eingerichtet worden, dienen.

Die Ruthen dieſer erwähnten Graupenmühle ſind 70 Fuß lang, das Kronrad hat 62 Kämme, 5 Zoll Abtheilung, das Getreibe der aufſtehenden Welle 29 Stöcke, das Stirnrad hat 96 Kämme, 3 Zoll Abtheilung, die Getreibe der Pellſteine von 5 Fuß in Diameter, haben jede 18 Stöcke, die Pellſteine laufen alſo ungefähr 11½ mal rund, in der Zeit, worin die Ruthen es einmal thun. Wenn Ruthen und Stein in gleicher Zeit gleichen Cirkel machen ſollen; ſo muß obiger Pellſtein gegen die Ruthen, 14 mal umlaufen. Nach obiger Einrichtung machen aber die Ruthen, in gleicher Zeit, einen größern Zirkel, als die Pellſteine, und iſt alſo der Hebel der Kraft länger, als der Hebel der Laſt; daher auch auf beregter Mühle ſo kritiſch zu pellen, daß faſt beſtändig jemand bey dem Fang ſtehen muß; denn wenn ſie zum Pellen erſt in Bewegung geſetzt worden, ſo läuft ſie vor dem kleinſten Stoßwind, (läuft zu ſtark) und legt ſich der Wind ein wenig; ſo erhalten die Steine nicht Lauf genug, um das Korn an der Kante zu faſſen.

Beschreibung der dem Müller Nicolaus Adolph zu Dünt auf Sundewitt zugehörigen Windmehlmühle.

Die beyden eichenen Balken, woraus das Kreutz gemacht, auf welchem die Mühle stehet, sind jede 24 Fuß lang, und in ☐ 19 Zoll. Der Suhl, der die Mühle trägt, und worauf sie umgedrehet wird, ist 23 Fuß hoch und 30 Zoll in ☐. Die Viereckeständer sind à Stück 23 Fuß 9 Zoll lang und in ☐ 12 Zoll. Die Mühle hält inwendig zwischen den Viereckeständeren auf die Seite, von den Ruthen bis an den Sterdt, 18 Fuß, auf die andere Seite inwendig 15 Fuß, das Mehlblock, worinn der Suhl gehet, und worauf der Mehlstein lieget, ist 15 Fuß lang und 30 Zoll in ☐. Die Walze der Ruthen ist 20 Fuß 3 Zoll lang, und in ☐ 26 Zoll. Die Ruthen sind 68 Fuß lang, in der Mitte 12 Zoll in ☐, und an den Enden 5 Zoll. Das Kronrad hält im Diameter 10 Fuß, ist 9 Zoll dick, und hat 68 Kämme von 5 Zoll Abtheilung.

Im Getriebe des Mehlsteins sind 13 Stöcke, er hält im Diameter 5 Fuß 3 Zoll. Der Sterdt, wobey die Mühle umgedrehet, ist 43½ Fuß lang, oben 10 Zoll und unten 6 Zoll in Quadrat. Bey gutem egalen Wind können auf dieser Mühle in 24 Stunden, an Waitzen oder Roggen, 96 bis 110 Tonnen, und an Malz gegen 300 Tonnen gemahlen werden; Einhalt dieses attestirt hiedurch,

Dünt im Sundewittschen, den 20 Sept. 1783.

Nicolai Adolph Müller.

In dieser Mühle läuft der Mehlstein $5\frac{7}{11}$ mal rund in der Zeit, worinn die Ruthen nur einmal umlaufen. Wenn Roggen und Waitzen zu mahlen, wozu fast Vollwind erforderlich, ist diese Einrichtung gut; hingegen aber, wenn wenig wehet, oder wenn Malz darauf gemahlen werden soll, gehet diese Mühle schwerer; denn wenn die Mühle was beschaffen soll, muß der Wind die Ruthen, fast in eben so schnelle Bewegung setzen, als wenn darauf gepellt würde. Nach meiner Einrichtung soll ein Mehlstein, der im Diameter 5 Fuß 3 Zoll hält, gegen Ruthen von 68 Fuß länge, beynahe 8mal rund laufen, und muß sonach, wenn das Kronrad 68 Kämme hat, das Getriebe des Steins 9 Stöcke haben.

Beschreibung der Wasser-Graupenmühle zu St. Jürgen bey Flensburg.

Das Wasser stehet vor dem Schutt des Siehles 4 Fuß hoch. Der Elehl ist 28 Fuß lang und 6 Fuß breit. Das Wasserrad ist im Diameter 14 Fuß, und 7 Fuß breit, in demselben sind 40 Schaufeln, die 1 Fuß tief sind. Das Wasser fällt in den 2ten und 3ten Schaufel, von der perpendiculairen Mittellinie des Rades. Die

Walze des Wasserrades ist 22 Fuß lang, in ☐ 24 Zoll. Um die Walze des Wasserrades sitzt ein Kammrad von 60 Kämmen, 5 Zoll Abtheilung, dieses faßt das Getriebe von 27 Stöcken unter dem ersten Stirnrad, welches 80 Kämme 4 Zoll Abtheilung enthält, und ein Getriebe unter dem 2ten Stirnrad von 26 Stöcken faßt. Das letztere Stirnrad hat 100 Kämme von 3½ Zoll Abtheilung. In jedem der Pellsteine-Getrieben sind 24 Stöcke. Die Pellsteine halten in Diameter 5 Fuß, und sind 8 bis 10 Zoll dick. Das Getriebe des Brechsteins hat 16 Stöcke, der Brechstein hält im Diameter 3 Fuß 4 Zoll. In 24 Stunden können auf dieser Mühle 60 Tonnen Gerste gepellt, und auf dem Brechstein 50 bis 60 Tonnen Grüß gemahlen werden; Einhalt dieses bezeugt auf Verlangen hiedurch,

St. Jürgen bey Flensburg den 28 Sept. 1783.

Andreas Petersen.

Diese Mühle ist von dem Bruder meines Aeltervaters, Valentin Clausen, erbauet worden, welcher an selbiger die inwendigen Räder so oft veränderte, bis das Wasserrad in jeder Sekunde, zum Pellen 7 Fuß durchlief; weil die Erfahrung ihn gelehret, daß die Mühle alsdann fürs wenigste Wasser getrieben werden konnte.

Das Kammrad hat 60 K.	das Getr. unter dem 1sten Stirnrad 27 Stöcke
Das 1ste Stirnrad 80 —	2ten Stirnrad 26 —
4800	162
Das 2te Stirnr. 100	54
480000	702
16848) · 28 $\frac{9216}{16848}$ mal Getriebe des Pellsteins	24
	2808
	1404
	16848

Also laufen die Pellsteine ungefähr 28½ mal rund, in der nämlichen Zeit, worinn das Wasserrad einmal rund gehet.

Nach meinen Einrichtungen soll ein Pellstein von 5 Fuß im Diameter 30 mal umlaufen, in der Zeit, da ein Wasserrad von 14 Fuß im Diameter einmal rund gehet. Da obige Mühle mit doppeltem Räderwerk eingerichtet; so hat sie auch viel mehr Friktion, als wenn sie nach meiner Angabe lediglich vermittelst eines Stirnrades beweget würde. Aus dieser Ursache ich denn auch bestimmt habe: daß ein Pellstein von 5 Fuß gegen ein Wasserrad von 14 Fuß 1½ mal mehr umlaufen, und die Mühle noch eben so leicht bey dieser, als obiger Einrichtung getrieben werden soll. Ein Mehlſtein iſt in dieſer Mühle nicht vorhanden, und von dem Brechſtein kann ich nicht urtheilen, weil ich nicht zuverläßig unterrichtet bin, ob ſelbiger vor dem erſten oder zweyten Stirnrad getrieben wird.

Beſchreibung der Waſſer-Mehlmühle zu Sandberg.

Das Waſſer ſteht 1¼ Fuß hoch über den Stehl. Der Stehl iſt 40 Fuß lang, 18 Zoll breit und 13 Zoll hoch. Der Schurt iſt nicht größer, als daß er den Stehl bedecken kann. Die Schleuſe, wodurch das überflüſſige Waſſer abgelaſſen wird, iſt 8 Fuß breit, und hat 2 Schurten. Die Walze des Waſſerrades iſt 24 Fuß lang und 24 Zoll in □. Das Waſſerrad hat im Diameter 9 Fuß 4 Zoll, iſt 3 Fuß 9 Zoll breit, und hat 32 Schaufeln, die 1 Fuß tief ſind. Das Kammrad hat 49 Kämme, 5 Zoll Abtheilung, und auf dem Mehlſtein, der im Diameter 5 Fuß 3 Zoll hält, iſt ein Getreibe von 11 Stöcken.

Auf dieſer Mühle können in 24 Stunden an Weitzen oder Roggen 60 bis 70 Tonnen, und an Malz 140 bis 150 Tonnen gemahlen werden; Einhalt dieſes bezeugt auf Verlangen hiemit,

Sandberg, den 20 Sept. 1783.   Hans Holleſen.

In dieſer Mühle iſt ein Kammrad von 49 Kämmen, und unter dem Mehlſtein ein Getreibe von 11 Stöcken.

$$\frac{49}{11} \quad 4\tfrac{5}{11} \text{ mal}$$

Alſo läuft der Mehlſtein beynahe 4½ mal in der nemlichen Zeit rund, in welcher das Waſſerrad nur einmal umläuft. Wenn daher der Mehlſtein ſeinen mittelmäßigen Lauf, nämlich: daß er in jeder Sekunde umläuft, erhalten ſoll; ſo muß das Waſſerrad in jeder Sekunde 6⅐ Fuß durchfallen.

Bey dieſer Mühle habe ich in Erfahrung gebracht, daß ein oberſchlächtiges Waſſerrad die größeſte Laſt zu treiben vermag, wenn ſelbiges in jeder Sekunde 5 Fuß durchläuft; deswegen habe ich dieſen Lauf für die Mehlmühlen beſtimmt, da es bey ihnen nicht ſo viel auf den Lauf der Steine als auf die Laſt zu treiben ankömmt. Obiges Waſſerrad von 9 Fuß 4 Zoll in Diameter, hat eine Peripherie von ohngefähr 30 Fuß, alſo muß nach meiner Einrichtung der Mehlſtein 6mal, in der nämlichen Zeit umlaufen, da das Waſſerrad nur einmal umläuft. Sonach ſollte dieſe Mühle ein Kamrad von 61 Kämmen, und unter dem Mehlſtein ein Getreibe von 10 Stöcken haben, um ſelbiger die vortheilhafteſte Einrichtung zu geben.

Beschreibung der, dem Müller Jep Kaufmann ver Sonderburg zuständigen Roßmehlmühle.

Der Hebel, wobey die Pferde ziehen, ist 8 Fuß lang. Das Kammrad auf der Walze, welche die Pferde umziehen, hat 84 Kämme von 3½ Zoll Abtheilung; dieses faßt das Getreibe der liegenden Welle von 33 Stöcken. Das Kammrad der liegenden Welle hat 56 Kämme von 3½ Zoll Abtheilung, welches das Getreibe des Mehlsteins von 14 Stöcken faßt. Der Mehlstein hält im Diameter 3 Fuß 4 Zoll. Die Mühle wird von einem Pferde getrieben, welches 2 Stunden zur Zeit gehet, und kann in der nämlichen Zeit 4 bis 5 Tonnen Grüß oder Malz gemahlen werden.

Von dem Müller Kaufmann habe ich zwar wegen der Einrichtung dieser Mühle kein Zeugniß erhalten können, aber solche durch meinen Meistergesellen nachmessen lassen, weshalb niemand an der Richtigkeit desselben zweifeln darf. Geschehen am 24 Sept. 1783.

In dieser Mühle hat

das 1ste Kammrad 84 Kämme	das Getr. der liegenden Walze hat 33 Stöcke
das 2te Kammrad 56 —	das Getreibe des Steins 14 —
504	132
420	93
4704	462
462) 10 4⁄62 mal	

Also läuft der Mehlstein 10 4⁄62 mal in der Zeit rund, in welcher das Pferd seinen Cirkel beschließt. Nach meiner Einrichtung soll obiger Mehlstein gegen das Pferd, welches einen Cirkel von 16 Fuß im Diameter macht, 24 mal rund laufen. Man sollte denken, daß die Mühle alsdann schwerer gehen würde, allein, wenn der Stein geschwind umlauft, so kann das Korn dünn unter ihm gelassen werden, und er wird noch mehr beschaffen und nicht schwerer gehen. Obige Mühle hat doppeltes Räderwerk, mithin auch doppelte Friktion.

Von Graupen-Roßmühlen habe ich dergleichen Beschreibungen nicht mittheilen können, weil davon hier im Lande keine vorhanden sind. Noch ist zu bemerken, daß die in den vorhergehenden Zeugnissen angegebene Quantität Korn, welche auf jeder Mühle in 24 Stunden gemahlen werden kann, unter der Voraussetzung zu verstehen, wenn die Mühlsteine ihre vollkommene Größe haben, und neulich geschärft sind.

Bey dem Gerstenpellen muß die Gerste so lange bey den Steinen gehalten werden, bis die Schale derselben abgeschliffen, wobey ja darauf hinzusehen, daß von dem Korn der Gerste nichts verlohren gehe. Ein Pellstein wird vom Gebrauch in seinem Diameter kleiner, und folglich muß der Küp um denselben nach und nach enger gemacht werden, damit das Blech mit seiner erhöhenden Schärfe die Gerste desto besser gegen den Stein halten und so mit mehrerer Stärke die Schale der Gerste abschleiffen kann. Wenn in einer Mühle mit 2 Pellsteinen, die im Diameter jeder 6 Fuß halten, circa 150 bis 200 Tonnen, und bey einer Mühle mit 2 Pellsteinen, wovon jeder im Diameter 5 Fuß hält, ungefähr 100 bis 130 Tonnen Gerste gepellt werden: so müssen die Küpen enger gemacht, und die Steine an der Kante ihrer Dicke nach so gehauen werden, daß jeder Hau ½ Zoll von einander entfernt, und quer an der Kante des Steins zu liegen kommt. Ein solches Hauen verschafft eine unebene Kante des Steins, wobey mehr gepellt werden kann, als wenn sie eben ist. Das Pellen ist die Art Kornmahlung, welche am meisten Kraft und Lauf, und daher auch am meisten Vorsicht und genaues Aufpassen erfordert.

Zwar muß ein Müller bey allen Arten Kornmahlen suchen, die Mühle so viel möglich in ebener Bewegung zu halten; bey dem Pellen ist es aber vor allen Dingen nöthig. Bey einem eintretenden Auflauf darf ja nicht auf einmal zu viel Korn bey dem Steine gelassen werden, um die Mühle zu zähmen, allmählig lieber etwas mehr, weil sonst leicht etwas entzwey gehen kann. Das Entzweyspringen der mehresten Pellsteine im Mahlen, geschieht entweder, wenn ein Pellstein leer und stark läuft, und dann auf einmal zu viel Korn bey ihm gelassen, oder auch, wenn eine Mühle in ihrem Lauf allzugeschwind gehemmet wird. Keine, und besonders Windmühlen, müssen in ihrem Lauf auf einmal, sondern nur allmählig gestanzt werden; weil sonst alle bewegliche Hebel geschwächt werden, auch zuweilen davon entzwey gehen.

Gepellte Gerste wird hier zu Grütze, so lange auf den Brechstein geschlagen, bis sie ihre verlangte Größe erhalten. Es ist aber vortheilhafter, selbige das erstemal so durch den Stein zu klemmen, daß keine ganze Schellgutskörner darin bleiben, als oft aufzuschlagen, weil sie durch letzteres mehr schwindet, als man denken sollte. Wenn mit einem Brechstein 100 bis 200 Tonnen Grütze gemahlen worden, werden die Strahlen desselben wiederum zur gehörigen Tiefe gehauen. Allzuviel mit einem Brechstein zu mahlen, bevor er vom neuen gehauen worden, ist schädlich, weil, wenn er stumpf ist, viel in Mehl übergeht, und also wenigere Grütze geliefert wird.

Weitzen und Roggen wird hier nur einmal durch den Stein gemahlen, doch wird auch bisweilen der einmal durchgesichtete Waitzenkley wieder gemahlen und gesichtet.

sichtet. Wenn mit einem Rheinischen igner Mehlstein circa 150 bis 200 Tonnen, und mit einem Mehlstein von 4 Fuß 6 Zoll im Diameter 80 bis 100 Tonnen Waitzen oder Roggen zu Mehl gemahlen worden, sind die Steine stumpf, müssen aufgelegt, und die Strahlen derselben wiederum zur gehörigen Tiefe aufgehauen werden. Da indessen die Rheinischen Mehl- und Grützsteine nicht von einer Materie der Härte nach sind; so kann mit einigen mehr und mit andern weniger, ehe sie stumpf sind, gemahlen werden.

Soll Waitzen oder Roggen zu feinem Mehl gemahlen und gesichtet werden; so ist es sehr dienlich, selbige vor dem Mahlen ein wenig zu trocknen, weil sodann nicht nur das Mehl sich viel besser und näher aus dem Kley sichten läßt, sondern man bekommt mehr Mehl, und es kann sich alsdann auch länger halten.

Soll das Mehl sich lange conserviren; so muß es nach dem Mahlen und Sichten gut abgelüftet werden, bevor es verpackt wird. Zu den Mehlfustagen sind diejenigen am besten, so aus trockenem Büchen- oder Tannenholze verfertiget werden. Von den hiesigen Holzarten sind für die besten dazu, weil sie am wenigsten säuern und dem Mehl keinen üblen Geruch beybringen.

Die Tonne oder Fustage wird inwendig mit ordinärem blauen Papier umgelegt, ehe das Mehl in selbige eingefüllt und hart gestampft wird. Je dichter die Tonne gemacht, und je besser zugeschlagen, daß keine Luft zu dem Mehl kommen kann, desto länger und besser kann es sich auch halten.

Blau Papier setzt man gern in die Tonne um das Mehl herum, weil die blaue Farbe die Weiße des Mehls erhöhet.

Auf den Handmühlen kann Malz gemahlen werden; doch werden sie am meisten dazu gebraucht, von Buchwaitzen und Haber Grütze zu verfertigen. Der Buchwaitzen muß ein wenig getrocknet seyn, bevor er zu Grütze gemahlen werden kann. Auch muß er einigemal vor dem Mahlen scharf gesichtet werden, damit er von allem kleinen spitzigen Buchwaitzen, welcher sonst unter die Grütze kömmt, und auf keine Weise davon abzubringen, so wie von anderer Unreinigkeit, gesäubert werde. Das erstemal muß der Buchwaitzen ganz wenig mit dem Steine gekelnt werden, damit nur die Kante desselben abgehet, (dies wird hier Rüllen genannt) weil sonst unter die feine Grütze so vieles unreines kommt, daß sie fast nicht zu säubern sey. Nach dem Rüllen wird selbiger abgeweyhet, und dann auf dem Stein ordentlich zu Grütze gemahlen.

Will man Haber zu Grütze mahlen; so ist es dienlich, selbigen vorher in einem großen Kübel, ein Quartier dick, auszuschütten, und dann mit siedendem Wasser zu begießen, bis er durch und durch warm geworden, und damit dies gehörig geschehe, muß selbiger dabey umgerühret werden.

Nachdem der Haber ohngefähr eine Viertelstunde so gestanden, wird das warme Wasser abgelassen, und kaltes wieder aufgegossen, damit er so bald als möglich wieder kalt werde; sodann berstet die Schaale desselben, wenn er vor dem Mahlen auf einer Darre getrocknet, und er läßt sich alsdann mit mehrerem Vortheil zu Grütze mahlen.

Beschrei-

Beschreibung
zweyer Maschinen
zur
Reinigung des Korns.

Meinem Vaterlande wünsche ich nützlich zu seyn.

Fünf und dreyßigste Prämie 1783. — 50 Rthlr. for en nödiagtig Beskrivelse over en bequem, virksom og lidet bekastelig Maskine, til at rense de forskiellige Korn-Arter haa torn, strax efter at de ere udterstede, Selskabets anden Guld-Medallle eller 50 Rthlr.

Da Selskabets henfigt med denne Priis, Materle er at give land. Manden i Almindelighed et Værktoy i hænderne, hvorved Arbeide og Tidsspilde bespares, og i det mindste den henfigt vindes, som den sådvanlige Rensning Forskaffer: Saa matte Forfattern have de af disse Omstændigheder flydende Bestramelser for Oine. I övrigt anmoder Selskabet Forfattern enten um muligt, at indsende de Moskiner, som de Forslaaer giorte i det Store, eller og at geleide deres Beskrivelse med fuldstændige Arbeids-Tegninger, hvorefter det kan lade forsärdige Maskinen, for derved virkeligen at fände giore Pröve. Afhandlingerne eller Maskinerne, med deres Beskrivelse indsendes inden October Maaneds-Udgang.

Von der Kornreinigung, nachdem es ausgedroschen ist.

Das Korn muß von aller Unreinigkeit, entweder vermittelst seiner Größe oder Schwere gereiniget werden. Wenn aber die Unreinigkeit eine gleiche Schwere und Größe mit dem Korn hat, so läßt sie sich auf keine Weise von demselben absondern.

Das Korn nachdem es ausgedroschen ist, muß von dem Kaff oder der Unreinigkeit, die leichter ist als das Korn, abgesondert werden, und dies geschieht am füglichsten durch das Werfen, (auf dänisch Kasten) denn der Unrath, welcher leichter ist, als das Korn, fliegt nicht so weit, und bleibt also für sich liegen.

Dies ist die geschwindeste und beste Art das Korn von der Unreinigkeit zu reinigen: denn wenn das Korn auch auf einer Maschine soll geläutert und gereiniget werden, so muß es doch mit Schaufeln drauf gefüllt werden. Also ist es eben so bald ausgeworfen.

Da aber unter dem Korn viel Unreines, als viele Sorten von Saamen, sich befindet, welcher nach seiner Größe eben so schwer als das Korn nach seiner Größe

seyn

seyn kann, und daher vom Werfen des Korns auch mit selbigem in gleicher Weise flieget; so läßt sich die Unreinigkeit solcher Art durch das Werfen nicht von dem Korn absondern, sondern muß vermittelst ihrer Größe von dem Korn getrennt werden.

Nachfolgende Maschine habe ich auf Veranlassung obiger Preisaufgabe diesen Herbst verfertiget, worauf das Korn von dem Unrath, der kleiner, leichter oder größer ist, als das Korn, gereiniget werden kann. Diese Maschine verfertigte ich von 8 Fuß in der Länge, und 5 Fuß in der Höhe. Ich finde aber, daß sie von demselben Nutzen seyn kann, wenn sie von folgender Größe gemacht wird.

Diese Maschine wird, wie auf der Tafel [Fig. 1 bis 10 zu sehen ist, 6 Fuß lang, 2 Fuß breit und 4 Fuß hoch gemacht. In selbiger ist ein Weyher mit 6 Flechten, jeder ist vom Centr. der Walze 3 Quartier lang und 2 Fuß breit. Unter dem Weyher sind zwey Sichten von eisernem Draht. Der oberste sichtet quer und der unterste längs der Maschine. Die Maschine wird durch ein Rad von 3 Fuß im Diameter vermittelst einer Schnur getrieben: Es ist nämlich um die Walze des Rades ein Wrangel, der 1 Fuß Schwung hat, wobey das Rad wie ein Schleifstein umgezogen wird. Um die Walze des Weyhers wird eine Scheibe von 8 Zoll im Diameter befestiget, von welcher die Schnur über Kreutz und um das Rad geschlagen wird. An dem hintersten Ende der Walze des Weyhers muß ein eiserner Wrangel von ½ Zoll dick, und der 1½ Zoll Schwung hat, eingeschlagen werden. Von diesem Wrangel geht ein hölzerner Hebel aus, der in der Mitte vermittelst eines runden hölzernen Nagels so befestiget wird, daß selbiger leicht hin und her bewegt werden kann. Oben in diesem Hebel wird ein Loch 3½ Zoll lang und ½ Zoll breit gemacht, damit der Wrangel, wenn der Weyher umgedrehet wird, in demselben gemächlich auf und nieder bewegt werden könne. Unten durch diesen Hebel geht ein hölzerner Nagel, der in der Seite der Sichten gut befestiget seyn muß. Der Hebel muß sich um den Nagel gemächlich bewegen können.

Wenn die Maschine in Bewegung gesetzt wird, werden die Sichten von diesem Hebel 2½ Zoll hin und her getrieben. Oben in der Maschine muß ein Rumpf gemacht werden, worein das Korn gefüllt werden kann. Unter dem Rumpf wird ein Schuh gehangen, welcher das Korn herausschüttelt. Auf der Walze des Weyhers, außen vor der Scheibe, wird eine Klappscheibe von 6 Zoll im Diameter mit 6 Zacken befestiget. Auf der Seite der Maschine muß eine Stange von der Klappscheibe bis 3 Zoll über die Maschine in ihrer Mitte mit einem runden hölzernen Nagel so befestiget werden, daß es leicht bewegt werden kann. Oben auf der Maschine wird ein Hebel 1 Fuß lang, und in seiner Mitte mit einem runden hölzernen Nagel auch so be-

festiget,

festiget, daß er sich leicht bewegen läßt. Ersterer Hebel, der mit dem untersten Ende in die Klappscheibe fällt, geht mit dem obersten Ende durch das eine Ende dieses Hebels. Auf dem andern Ende dieses Hebels wird eine krumme Stange, die an dem Schuh geht, befestiget. Wie stark der unterste Hebel in die Klappscheibe fällt, darnach wird der Schuh unter dem Rumpf das Korn ausrütteln, daß das Korn ganz dünne, der ganzen Maschine über, von dem Schuh bis auf die Sichte fällt. Der Wepher treibt durch den Wind seiner Bewegung, das leichte, unreife Korn in den ersten Raum, der Kaff und Staub aber fliegt zum Kasten hinaus: das Korn fällt auf die Quersichte. Was größer ist als das Korn, als z. E. Steine und Aehren, worin noch Korn sitzt, läuft auf dieser Sichte längs zur Seite der Maschine aus.

Das Korn fällt durch diese Sichte auf die unterste, auf welcher Sichte das Korn zum Ende der Maschine ausgesichtet wird. Was kleiner ist als das Korn, fällt durch diese Sichte. Also kann das Korn, wie oben erwähnet ist, auf dieser Maschine von aller Unreinigkeit, die leichter, größer oder kleiner ist, als das Korn, gereiniget werden.

Die Quersichte muß so weit zwischen den eisernen Dräthen seyn, daß nur eben Waitzen, Roggen, Gerste und Haber dadurch fallen kann. Die unterste Sichte muß nicht weiter zwischen den eisernen Dräthen seyn, als daß nur das kleine von dem unreifen Korn dadurch fallen kann. Die Sichten hangen in Stricken, die 1 Fuß lang sind.

Man kann diese Maschine vollkommener machen, wenn man sich eine besondere Sichte zu einer jeden Sorte Korn anschaffet: denn zu den Erbsen, als unser größestes Korn, muß man eine Quersichte brauchen, damit dieselben nur eben durchfallen können. Und zu Waitzen, Buchwaitzen und doppelschichtiger Gerste, könnten auch die Sichten weiter zwischen den eisernen Dräthen seyn, als zu Roggen und Haber.

Diese Maschine kann an unserm Ort zu stehen kommen, wie folget:

15 Stück 1 Fuß breite Gellige Bretter, à Zwölfter 10 Mk. —	12 Mk. 8 ß.
Die eiserne Quersichte — — — —	4 Mk. 8 ß.
Die eiserne Längssichte — — — —	6 Mk. —
Zimmerlohn —, — — — —	15 Mk. —
	Auf 38 Mk. —

Wenn das Korn erst ausgedroschen und geworfen worden ist, können auf obiger Maschine in einer Stunde von zween Personen 7 bis 8 Tonnen Korn gereiniget werden.

Bey dieser Maschine ist dieses zu mercken: sie muß so umgedrehet werden, daß der Weyher den Wind gegen den Schuh unter dem Rumpf aufwirfft: auch muß dieselbige nicht zu geschwind oder zu langsam umgedrehet werden. Ein jeder aber wird bey dem Gebrauch derselben dieses schon einsehen.

Auf dieser Maschine kann das Korn nicht nur von den Kornmletten, sondern auch größtentheils von den verderblichen sogenannten Maltzwürmern, (auf Dänisch Kornpugge) indem selbige zum Theil leichter und auch kleiner sind, als das Korn, gereiniget werden.

Beschreibung einer vortheilhaften Kornharfe, worauf das Korn von der Unreinigkeit, welche größer und kleiner ist, als das Korn, gereinigt werden kann.

Diese Kornharfe wird wie auf dem Riß Fig. 11, 12, 13. zu sehen ist, 6½ Fuß lang und 2 Fuß breit gemacht. Oben wird eine Kumme von 2 Fuß in Quadrat gemacht, worinn das Korn geworfen wird. Unten in diese Kumme, accurat über dem eisernen Gitter, wird ein Schurt befestiget, welches auf und nieder gehoben werden kann, je nachdem das Korn dünn oder dick über die Sichte laufen soll.

In dieser Harfe sind 2 eiserne Sichten. Die oberste, die eine Elle lang ist, ist so weit zwischen den eisernen Dräthen, daß Waitzen, Roggen und Gerste gut dadurch fallen können. Die Unreinigkeit aber, welche größer ist, als das Korn, und also nicht durch diese Sichte fallen kann, muß zur Seite, wie in dem Riß zu sehen ist, ausgenommen werden. Gleich unter dieser Sichte ist die andere Sichte befestiget, worauf das Korn längs zum Boden läuft. Sie ist nicht weiter zwischen den eisernen Dräthen, als daß nur das Kleinste von dem unreifen Korn dadurch fallen kann. Diese Sichte ist 4 Fuß lang. In beyden Sichten müssen die eisernen D:ä:he querr in den Sichten sitzen, und 4 oder 5 eiserne Dräthe längs die Sichte laufen, die Weite zwischen den Dräthen zu halten. Diese Sorten von Sichten reinigen das Korn besser als diejenigen, welche in viereckigte Löcher gewebet sind.

Unter der Sichte wird ein Stück Segeltuch angenagelt, damit die Unreinigkeit, die kleiner ist als das Korn, und welche durch die unterste Sichte fällt, auf dieses Segeltuch unter der Harfe in ein Maal oder Trog laufen könne. Unter der Kornharfe werden zwey Beine befestiget, mit denen dieselbe der Schrege nach gestellt werden kann. Will man haben, daß dieselbige scharf sichten soll, so wird sie gantz schrege; und soll nur wenig durchfallen, so wird sie steiler gestellt.

Auf dieſer Kornharfe können 2 Perſonen 50 bis 60 Tonnen Korn in einem Tage reinigen. Doch iſt dies unterſchiedlich: iſt denn das Korn viel unrein, ſo muß es nur dünn über die Harfe laufen; aber iſt nur wenig Unreines darin, ſo kann es dicke über die Harfe laufen. Dieſe Harfe kann ohngefähr 5 bis 6 Rthlr. koſten.

Auf dieſen beyden beſchriebenen Maſchinen können 2 Perſonen eben ſo viel Korn, als 6 Perſonen mit der gewöhnlichen Handſichte auf einen Tag reinigen. Zudem wird auf dieſer Maſchine das Korn nicht allein viel reiner, ſondern es kann auch viel näher mitgenommen werden.

Doch hat erſtere Maſchine einen großen Vorzug vor der letztern. Denn auf der erſtern kann das Korn von allem Staub, welcher daſſelbe ſonſt warm macht, und wodurch es verdirbt, auf einmal gereiniget werden.

Auf der letztern kann der Staub ſich nur durch ſeine Schwere ſcheiden. Derowegen muß das Korn auf letzterer Kornharfe, wenn es ganz rein werden ſoll, nur dünn laufen, und folglich kann auch mehr Korn auf erſterer Maſchine in gleicher Zeit gereiniget werden.

Erklärung der sämmtlichen Kupfertafeln.

Erklärung der ersten Tafel.

Figur 1.

Eine Windmühlenwalze; wie die von 4 Stück der Dicke nach zusammen gezimmert werden kann.

a. Ein viereckter eiserner Ring
bbbb. eiserne Splintbänder
dddd. eiserne Bolzen mit Splinten
ee. 2 Stück hölzerne Schieber, Schwalbenschwänze genannt
fff. eiserne Ringe um den Zapf.

Figur 2.

Eine Wassermühlwalze, wie sie aus 8 Stück der Länge und Dicke nach zusammen gezimmert werden kann.

aa. eiserne Ringe
bb. eiserne Splintbänder
cccc. eiserne Splintbolzen.

Figur 3.

Dieselbe Walze von der andern Seite
a. die Stelle, wo das Wasserrad sitzen soll
b. die Stelle des Kammrades.

Figur 4.

Ein Kamm- oder Kronrad im Plan, oder von der flachen Seite betrachtet:
A. das Kammrad von der Seite
a. die Dicke der Mondfelgen
b. die Dicke der Krämmelsen.

Figur 5.

Die dem Kronrade zugehörigen Theile.
a. ein Arm
b. ein Seitmondfelgen

c) ein

c. ein Endmondfilgen
d. ein Knie, womit sie verbunden werden
e. ein Krümmels.

Figur 6.
Ein Stirnrad im Plan.
B. daffelbe von der Seite
a. die Dicke der Mondfelgen
b. die Krümmelsen
ccc. die Dämme zwischen den Räumen.

Figur 7.
Die einem Stirnrade zugehörigen Theile.
a. ein Arm
b. ein Seitmondfelgen mit der untersten Seite aufwärts gelegen
c. ein Endmondfelgen, worauf die Dämme $\frac{1}{4}$ Zoll eingehauen sind.
d. ein Knie
e. ein Krümmels, worauf die Dämme $\frac{1}{4}$ Zoll tief eingehauen sind.

Figur 8.
Eine Getreibescheibe im Plan; wie sie aus 2 Planken der Breite nach zusammen gezimmert werden kann.
C. die Scheibe von der Seite
aa. ein Endstück der Dicke nach
bb. die beyden Seitstücken.

Figur 9.
Die Theile des Getreibes.
a. das äußerste Seitenstück
b. das äußerste Endstück
c. das innerste Seitenstück
d. das innerste Endstück.

Figur 10.
Eine Getreibescheibe von der Breite eines Planken im Plan.
D. Die Scheibe von der Seite
a. ein Endstück
bb. die beyden Seitenstücke.

Figur 11.
Die zum Getreibe gehörigen Theile.
a. ein Seitenstück
b. ein Endstück.

Figur

Figur 12.

Eine Windwaage.
aa. Pfähle, worauf sie befestiget ist
b. ein Ring von Eisendrath, einen Quadratfuß groß, der mit Wachstuch beklebt ist, und in Seilen gegen den Wind so aufgehängt wird, daß diese Quadratfläche gegen den Wind mit einer Schnur über die Rolle c) durch Gewicht gehalten werden kann.
d. ein Stück Brett, das den Wind abhält, das Abwägen nicht zu hindern.

Figur 13.

Eine Unterlage zu einem Mehlstein.
aaaa. die aufstehenden Balken des Stuhls, worauf der Stein liegt
bb. die Balken, worauf der Pannbalken liegt
c. der Pannbalk
d. der Pannblock, worinn die eiserne Panne sitzt
e. der Pannbalken von der Seite
f. der Pannblock von der Seite
g. die Stelle, wo der Leichter angebracht wird. Bey perpendikulair-stehenden Walzen, die nicht an der Seite verkeilt werden dürfen, wird der eiserne Pann oder Püttchen in den Pannbalken gesetzt.

Figur 14.

Eine Unterlage zu einer horizontal liegenden Walze.

Figur 15.

Ein unterschlächtiges Wasserrad.
aa. die Flur des Wasserfalles
b. die punktirte Linie macht mit der Flur einen Winkel von 90 Graden, und zeigt, wie weit die Schaufeln mit ihren Flächen das Centrum des Rades vorbey zeigen mußten.

Figur 16.

Eine Schleuße mit 2 Schutten.

Figur 17.

Das Profil der Schleuße durch den Teich.
a. die Pfähle unter der Schleuße
b. die Planken vor dem Schutte im Teich
c. die Pfähle, worauf sie befestigt werden.

Figur 18.

Wie eine Dämmung gemacht werden soll.

a. die

95

a. die Schleuſe
bb. die Pfähle, gegen welche Bretter geſetzt werden, wenn die Schleuſe reparirt wird.
c. der Mühlenſtuhl mit Schutt.

Figur 19.

Wie ein Waſſerfall gemeſſen werden kann.
a. ein Waſſermaaß
bbb. Pfähle mit Querſtangen, die nach Waſſermaaß gelegt werden.
c. d. e. f. Pfähle, worauf die Horizontallinien bezeichnet werden.

Figur 20.

Eiſerner Zapf zur horizontal-liegenden Walze.

Figur 21.

Eiſerner Federzapf zur aufſtehenden Walze.

Erklärung der zweyten Tafel.

Figur 1.

Eine Windmühlwalze, auf den Zapfen liegend, worauf er im Halſe gebrechſelt worden iſt.
a. der Hals mit Sahlingen
bb. die beyden Schraubenbänder, die die Sahlingen befeſtigen.
dddd. eiſerne Spundbänder.
c. das Loch der einen Ruthe
eee. eiſerne Ringe den Zapf zu halten
f. eiſerne Bolten durch den Zapf.

Figur 2.

Eine aufſtehende Walze mit ihren Zapfen.

Figur 3.

Ein Kamm- oder Kronrad, worauf 2 Zoll Weite die Abtheilung der Kämme iſt
b. iſt ein rechter Winkel von 90 Graden, welcher an der Mittellinie eines Kammes gelegt iſt, und auf die Mittellinie des nächſten Kammes zeigt, wo der Cirkel ſtehen muß; um jedem nächſten Kamme auf beyden Seiten jenſeits ſeiner Mittellinie, ſeine gehörige Dicke zu beſchreiben.
a. die Kämme mit ihrer Abtheilungsſchrift, und Schrift der Mittellinie, die nach dem Centrum zeigt.

Um die Mittellinie eines Kammes zu finden, ſetzt man den Cirkel in den Punkt der Abtheilung des nächſten Kammes, und macht ſodann auf dem erſten eine Schrift;

Schrift; daß, wenn man den Cirkel in den Abtheilungspunkt des nächsten Kammes auf die andre Seite setzt, und eine Schrift damit bezeichnet, sie einander auf den Kamm schneiden können. Da, wo nun diese Punkte sich kreuzweise einander schneiden, da wird dem Kamm über eine Linie gezogen. Diese zeigt auf des Rades Centrum.

cc. zeigt, wie man einem Kamm, und dem dazu gehörigen Getreibestock nach der Abtheilungsweite seine gehörige Dicke geben soll.

Figur 4.

Ein Stirnrad, das auf den Kämmen 2 Zoll Abtheilungsweite hat.

aa. Kämme, worauf der Abtheilungscirkel gezeichnet ist

b. der Punkt, wo die Mittellinie des Kammes und ihr Abtheilungscirkel sich schneiden. Hier wird der Cirkel gesetzt, und nach der abgestochenen Dicke, jenseit der Mittellinie des nächsten Kammes ausgespannt, um seine proportionirliche Dicke zu bezeichnen.

Figur 5.

Ein Getreibe, das auf den Stöcken 2 Zoll Abtheilung hat.

Figur 6.

Ein Stirnradkamm zu einem Rade, das 2 Zoll Abtheilung hat.

Figur 7.

Ein Getreibestock zu einem Getreibe von 2 Zoll Abtheilung.

Figur 8.

Zeigt: wie viel Schrege die Hecken der Mühlenruthen auf ein Fuß Länge haben müssen.

Figur 9.

Ein oberschlächtiges Wasserrad von 14 Fuß im Diameter.

aaa. die Figur der Schauffeln, wie sie in den Felgen des Rades eingehauen werden.

Figur 10.

Zeigt, wie ein Mühlenstein abgebahnt werden müsse, um seine Fläche eben und ganz gerade zu machen.

aaa. Ist das erste Kreuz, das auf den Stein so eingehauen wird, damit er auf diesen 3 Seiten gleich dicke werde.

bbb. ist das andere Kreuz

ccc. Schläge des Richtstocks über den Mittelpunkt des Steins, welche nach der Tiefe der Kreuze auch eingehauen werden müssen.

Figur 11.

Figur 11.

Ein Pellstein von 6 Fuß mit eingehauenen Flochten oder Strahlen, so mit bbbbbb bezeichnet sind.
a. die Größe des Loches eines Pellsteins.

Figur 12.

Ein Pellstein von 6 Fuß im Diameter.
a. das eingesetzte eiserne Rien
bbbbbb. die eisernen Flochten, die mit Bley fest gelöthet werden.

Figur 13.

Ein eiserner Flocht zu einem 6 füßigen Pellstein.
aa. Haken, womit er mit Bley in den Stein fest gelöthet wird.
b. die Einkerbung ⅛ Zoll von einander, damit sie desto leichter abgehauen werden kann, wenn der Pellstein in seinem Diameter vom Mahlen kleiner wird.

Figur 14.

Ein 1gner Rheinischer Mehlstein von 5 Fuß 3 Zoll im Diameter, wie auf ihm die Strahlen eingehauen werden sollen.
a. die Größe des Lochs oder Auges durch den Stein
bb. Die Schluckflöcher
cccc. die Tiefen, worinn das Rien gesteckt wird.
dd. 2 Stück eiserne (oder auch gute eschene) Bänder, damit der Stein nicht so leicht springen könne.

Figur 15.

Wie ein eisernes Rien zu einem Mehlstein gemacht werden soll.
NB. Zu einem Mehlstein wird ein Rien so gemacht, daß er nur 2 Haken vor dem Klüver kriegt, um mehrere Oefnung zu haben, damit das Korn desto leichter und geschwinder durch die Schluchlöcher unterm Stein kommen kann. Bey einem Pellstein, der, wenn er leer läuft, bisweilen vor der Mühle, oder geschwinder als die Mühle umläuft, auf welchem das Korn eben auf seine Fläche und nicht durch das Auge des Steins gelassen wird, muß das Rien vor dem Klüver 4 Haken haben, wie auf der 12 Fig. zu sehen ist.

Figur 16.

Ein eisernes Spill.

Figur 17.

Ein eiserner Klüver. Diese müssen zu Mehl- und Grützsteinen vierecklig gemacht werden, damit sie den Schuh rütteln können, daß das Korn ins Auge des Steins falle.

Figur 18.

Figur 18.

Ein sogenannter Kron, wornach man den eisernen Rien so in die Steine haut, daß das Spill ganz perpendiculär unter dem Stein zu stehen kommt.

a. die Ausründung, womit er um den Hals des eisernen Spills bewegt werden kann
b. Ist ein Stück Holz, das nach des Spills Länge auf und nieder geschoben und getheilt werden kann, worinn eine Oefnung so gemacht ist, daß der Kron auf dem Ende des Spills über die Fläche des Steins umlaufen kann
c. eine Feder oder dünnes Stück Holz, das so tief eingesteckt wird, daß es den Stein nur sachte berühret. Ist das Rien nun so eingehauen, daß die Feder die Fläche des Steins rund herum gleich starck berührt, so steht das Spill perpendikulär.
d. Ist ein Stück Holz, das hin und her bewegt und fest gekeilt werden kann, wornach ein Peßstein auf seinem Kant so abgehauen wird, daß er mit demselben rund herum gleich weit vom Halse des Spills entfernt ist.

Figur 19.

Ein sogenanntes Dultchen nach seiner völligen Größe, worauf die Steine abgewogen werden.

a. ein Stück Stahl
b. Ist hartes Holz, nach der Größe, so wie es in ein mäßiges Nienloch eingestecket werden kann.

Figur 20.

Das unterste Ende eines eisernen Spills, welches im Spohr ⅜ Zoll Durchschnitt hat, und zeigt, wie es auf dem Ende, und auch, wie das dazugehörige stählerne Spohr gemacht werden soll. Wenn sie rund gegen einander gemacht werden, kann ein Zapf sich viel länger halten, als wenn Spohr und Zapfen platt sind

NB. der liegende Mellzapf, (in Windmühlen) mit Ochsenkopf, wie auch alle unterten Zapfen der aufstehenden Wellen, müssen so gemacht werden.

Figur 21.

Ein Rheinischer Grützstein von 4 Fuß 6 Zoll, wie er mit Stcählen und Schlucklöchern gemacht werden soll.

Figur 22.

Eine Handmühle mit einem Rade.

a. der Rumpf, worinn das Korn gefüllt wird
b. der Schuh, der es in den Stein rüttelt
c. der Rüp, worinn der Stein läuft
d. die Sichte, die durch eine Schnur gezogen wird, die über eine Scheibe von 18 Zoll gehet, welche um das Spill unter dem Stein befestigt ist. Auf den Wrangel wird eine Scheibe von 6 Zoll gesetzt.

Figur 23.

Ein Woyher, worauf Korn von aller Unreinigkeit, welches leichter als Korn ist, kann getrennt werden.

a. der

a. der Rumpf
b. der Schuh
ccccc. die Löcher, worin das Korn nach seiner unterschiedlichen Schwere hinfällt
ee. das Rad, das wie ein Schleifstein umgezogen wird, von 5 Fuß im Durchschnitt
f. der punktirte Kreiß ist die Größe der Scheibe von 1 Fuß im Durchschnitt, der auf der Walze des Weihers sitzt
g. die punktirte Linie, so kreuzweise geht, ist die Schnur.

Figur 24.

Eine Sichte mit 4 Sichten, worauf Korn von aller Unreinigkeit, so kleiner oder größer ist, kann getrennt werden.
a. ein Stirnrad mit Wrangel, wobey es gezogen wird
b. ein Getreibe mit Wrangel, welches die Sichten hin und her stößt.
c. die eisernen Sichten, die in Tauen von 4 5 Zoll lang hängen
d. der Rumpf
eeee. Raum, worinn das Korn fällt.

Figur 25.

Eine Waitzenmehlsichte.
a. der Rumpf
b. der Schuh mit der Stange, so in die Klappscheibe fällt
c. der Wrangel, wodurch die Sichte umgezogen wird
d. die Klappscheibe
e. die Sichte mit ihren Leisten
ff. die beyden hölzernen Ringe mit Schrauben, womit die Sichte gestrammt werden kann
g. der Klapper
h. Behältniß, worinn der Klei ausfällt
i. Behältniß, worinn das fällt, was der Sichte vorbeygehen möchte. Welches wieder herausgenommen und in den Rumpf geschlagen wird.

Erklärung der dritten Tafel.

Figur 1.

Eine durchgeschnittene Eckigte Windgraupenmühle.
a. die liegende Walze mit Ruthen und Kammrad
b. der Fangball, womit der Gang um das Kammrad geklemmt, oder los gemacht wird
c. die aufstehende Walze, mit Bunkel, Lojerie- und Stirnrad
dd. die beyden Peilspillen mit Getreiben
ee. die beyden Peilsteine in den durchgeschnittenen Käpen vorgestellt
fff. die 4 Stück Schlagballen
gg. die beyden untersten Peilsteine auf den Unterlagen
hh. die beyden Stegen zu den eisernen Peilspillen, die die Peilsteine tragen

i. die Sichte zu der gepellten Gerste. Die Drangelstange derselben wird mit einer Schnur, die um die aufstehende Walze geht, gezogen.
k. das Mehlspill
l. der Mehlstein
m. der Mehlsteinsteg
n. das Spill des Grützsteins, mit Scheibe zur Grützsichte und Weyher
o. der Grützstein
p. Grützsteinstech
q. der große Weyher, welcher von einer Schnur gezogen wird, die um eine Scheibe des einen Pellspills geschlagen ist. Mit diesem Weyher wird das Schellgut abgestäubt oder gereinigt
rr. die Zwickstellen
s. der Mühlenstehrt mit der Winne, bey welcher die Mühle gedrehet wird.
t. der Fangtau
A. der unterste Boden
B. der sogenannte halbe Boden, wo Mehl- und Grützstein liegen.
C. Der Mahlsaal, wo die Pellsteine liegen.
D. der Stirnboden
E. der stille Boden
F. der oberste Boden
G. die Kappe, die nach dem Winde umgedrehet werden kann.

Figur 2.
a. das unterste Tassement, worauf die 8 echten Ständer stehen
b. das oberste Tassement mit dem festen Kropring, Küp- und Klotzen, worauf der oberste Kropring mit Kappe umgedrehet wird.

Figur 3.
Grundriß der Kappe.
a. der oberste Kropring
bb. die beyden Wasserleisten
c. der Maßballen
d. der Halsblock
e. der große Spret
f. der Zapf-Ballen
g. der kleine Spret.

Erklärung der vierten Tafel.
Figur 1.
Eine durchgeschnittene Bock- oder Wind-Mehlmühle von der Seite.
a. Walze mit Nuthen und Kammrad
b. der eiserne Kluver mit Getreibe
c. der

c. der Rumpf, worein das Korn gefüllt wird
d. der Mehlstein
e. der Mehlblock
f. der Suhl, worauf die Mühle steht und gedrehet werden kann
g. der unterste Sattel
h. der Mühlenfuß
i. der Mühlensteher mit Winne.

Figur 2.
Eine durchgeschnittene Bockmühle von dem Ende.
a. das Kammrad
b. der Block oder Gliederfang um das Rad
c. der Mehlblock
ddd. der Fuß, unterste Sattel und Suhl
e. der oberste Sattel
f. der Stehrtballen.

Erklärung der fünften Tafel.

Figur 1.
Eine durchgeschnittene Wasser-Graupenmühle von der Seite.
a. die Wasserkumme
b. das Wasserrad mit Walze und Kammrad
c. aufstehende Walze mit Bunkel und Stirnrad
d. Mehlsteindspill mit Getreibe
e. der Rumpf
f. der Mehlstein
g. der Spill des Grützsteins
h. der Grützstein
i. der Weyher
k. die Schuttstange, woran eine eiserne Kette oben und unten so befestigt ist, daß die Kette einmal um eine runde Walze von 5 Zoll im Diameter gewunden ist, womit der Schutt in der Kumme nach Belieben auf und nieder gewunden werden kann.

Figur 2.
Die Mühle von dem Ende.
a. das Kammrad
b. die aufstehende Walze mit Stirnrad und Bunkel
cc. die beyden Pellspillen
dd. die Pellsteine in ihrem Küpfliegend
ee. die beyden untersten Pellsteine
f. die eisernen Pellspillen, die die Steine fragen
gg. die Rumpfe, worein Korn gefüllt wird
h. die Pellsicht, die von einer, um einen Pellspill geschlagenen Schnur getrieben wird
i. der große Weiher, auf welchen das Schellgut oder die gepellte Gerste abgeschüttet wird.

Erklärung der sechsten Tafel.

Figur 1.
Eine Wasser-Mehlmühle von der Seite.
a. die Wasserkumme

b. das

b. das Wasserrad
c. die Walze
d. das Kammrad
e. das Getriebe des Steins
f. der Kúp worinn der Mehlstein liegt
g. der Schuh
h. der Rumpf
i. der Leichter oder Heber des Steins
k. der Mehlthut.

Figur 2.

Die nemliche Mühle vom Ende des Hauses zu sehen.
a. das Kammrad
b. der Mehlsteinkúp
c. der Kornrumpf
d. der Leichter oder Heber.

Erklärung der siebenten Tafel.

Figur 1.

Eine Graupen-Roßmühle von der Seite.
a. der Hebel, wobey die Pferde ziehen
b. unterste aufstehende Walze mit Stirnrad
c. die oberste aufstehende Walze mit Stirnrad und Getriebe
d. das Prellspill
e. der Prellstein in seinem Kúp liegend
f. der Spill des Grüßsteins
g. der Kúp des Grüßsteins
h. die Wrangelstange, welche die Sichte treibt
i. die Sichtkiste.

Figur 2.

Die nemliche Mühle vom Ende des Hauses zu sehen
a. die unterste Walze mit Stirnrad
b. die oberste Walze mit Stirnrad und Getreibe
c. der Grüßstein
d. der Weyher
e. der Mehlstein

Erklärung der achten Tafel.

Figur 1.

Eine Mehl-Roßmühle von der Seite.
a. der Hebel, an welchem die Pferde gespannt werden
b. die Walze mit dem Stirnrade
c. das Getreibe des Mehlsteins
d. der Kúp des Mehlsteins
e. der Kornrumpf
f. der Leichter des Steins
g. die Mehlthut.

Figur 2.

Figur 2.
Dieselbe Mühle vom Ende des Hauses betrachtet.
a. die Walze nebst Rad und Hebel
b. der Mehlstein
c. der Rumpf
d. der Leichter oder Heber.

Erklärung der neunten Tafel.

Diese Figur zeigt: wie eine Wasserkamme über ein Rad gebauet werden soll.
a. das Wasserrad
b. die Unterlage, worin der Zapf der Walze geht
c. die Kumme.

Erklärung der zehnten Tafel.

Figur 1.
Zwey Maschinen zur Reinigung des Korns.
a. der Rumpf, worein das Korn gefüllt wird
b. der Schuh unter dem Rumpf
c. die Stange, welche den Schuh rüttelt
d. der Weyher
e. die Küpe, worin der Weyher läuft
f. das Brett, welches der Wind des Weyhers nach dem Schuh weiset
g. das Rad, wodurch die Maschine getrieben wird
h. die Schlitte des Rades, womit die Schnur gestrammt werden kann
i. die Walze des Rades
k. die Schrauben, womit die Schlitte befestigt wird
l. die Leisten, worauf die Schlitte geschoben wird
m. ein Brett, welches das Korn zusammenhält, damit es nicht über die Quersichte springet
n. die Quersichte
o. die Längssichte
p. die Stricke, worin die Sichten hangen.

Figur 2.
Die Maschine von der Seite.
A. achteckigte Lücke, welche mit dem Weyher ausgenommen werden kann
a. zwey Zuglöcher, damit der Weyher gehörigen Wind von sich geben könne
b. der Hebel, welcher die Sichten treibt
c. die Quersichte
d. wo das Unreine, das kleiner ist, als das Korn, ausgenommen werden kann
e. das Unreine, welches leichter ist als das Korn, auszunehmen

Figur 3.
Die andere Seite der Maschine
a. das Rad
b. der Wrangel
c. die Schnur
d. Zwey Zuglöcher des Weyhers
e. die Scheibe um die Walze des Weyhers
f. die Klappscheibe

g. der

g. der Hebel, welcher in die Klappscheibe fällt
h. ein eschener Bügel, womit der Hebel gestrammt wird, stark oder wenig an die Klappscheibe zu schlagen.

Figur 4.
Die Walze mit Rad und Wrangel.

Figur 5.
Der Weyher an der Seite.
a. die Scheibe, wobey der Weyher getrieben wird
b. die Klappscheibe
c. der eiserne Wrangel, welcher die Sichte treibet.

Figur 6.
Die Quersichte von der Seite.

Figur 7.
Die Quersichte im Plan.

Figur 8.
Die Längesichte im Plan
a. der Nagel, wobey die Sichte gezogen wird.

Figur 9.
Das eine Ende der Maschine
a. die Längesichte.

Figur 10.
Das andere Ende der Maschine.

Figur 11.
Eine Kornharfe.
a. wo das Unreine, was größer ist als das Korn, ausgenommen werden kann
b. wo das Korn ausläuft
c. wo das Unreine, welches kleiner ist, als das Korn ausläuft
d. der Mahl oder Trog
e. die Beine der Harfe

Figur 12.
Die Harfe von hinten
a. die Beine, womit die Harfe gestellt wird
b. wo das Korn eingefüllt wird.

Figur 13.
Die Harfe von vorne.
a. der Schieber
b. die Sichte, wo das Korn durchfällt
c. Behältniß, wo das, was größer ist als das Korn, liegen bleibt.
d. die Sichte, worauf das Korn gegen den Boden läuft, und wodurch das Unreine, welches kleiner ist als das Korn, fällt.

Verbesserungen und Druckfehler.

Seite 10 Zeile 13 statt Taf. I. Fig. 8. lies Taf. II. Fig. 8.
— 15 — 6 ist zu lesen: die Friktion der 500 Pfund, die auf dem Zapfen liegt, an der Peripherie der Walze zu heben — —
— 24 — 29 hinter Kante setze man noch: halten
— 27 — 1 statt auf welchen, l. mit welchem
— 31 — 11 st. Spilleboden, l. Stilleboden
— ⋅ — 12 st. Spillbacken, l. Spitzbacken.
— ⋅ — 21 st. tief, l. so hoch
— 69 — 25 st. der Erde, l. dem Ende
— 70 — 5 st. obersten, l. untersten
— 77 — 34 st. an der Kante zu fassen, l. an ihrer Kante zu halten.